Johannes Floehr
Buch

Buch

Johannes Floehr

mit Zeichnungen von Marit Blossey

Dritte Auflage 2025

Lektora GmbH
Schildern 17–19
33098 Paderborn
Tel.: 05251 6886809
Fax: 05251 6886815
www.lektora.de

Druck: OSDW Azymut, Lodz
Covermotiv & Illustrationen: Marit Blossey
Covermontage: Olivier Kleine, olivierkleine.de
Lektorat: Lektora GmbH, Denise Bretz
Layout Inhalt: Lektora GmbH, Denise Bretz
Printed in Poland

ISBN: 978-3-95461-110-2

Inhalt

Vorwort I

Liebe Leserin,

dein Johannes

Vorwort II

Lieber Leser,

dein Johannes

Vorwort III

Lieber Johannes,

dein Buch

Künstlerbiografievorlage

Vorname Nachname macht das, was er macht, schon sehr lange. Bereits in frühester Kindheit hat der sympathische *Kreativkopf/Karohemdträger/Student* damit angefangen, sich in einer Kunstform auszuprobieren, während andere Kinder noch etwas für ihr Alter Übliches getan haben. Heute gilt er als *eine/r* der *Nachwuchshoffnungen/Senkrechtstarter/Geheimtipps* von *irgendwas/irgendwem/seiner Familie*. Er feierte bereits *diesen und jenen* Erfolg, zum Beispiel den Gewinn eines mäßig oder sehr renommierten Wettbewerbes und hat viele *Fans/Mieten von seiner Tätigkeit finanziert/Vorbilder*. Dabei passt er in keine Schublade und ist sehr vielseitig und krass. Über soundso viele Auftritte absolvierte er zwischen einer sehr nördlich und einer sehr südlich gelegenen Stadt. Ein *ungleich/ähnlich wenig/sehr berühmter* Mensch hat ihn bei der Ausübung seiner Kunst *unterstützt/beiläufig wahrgenommen/inspiriert*. Er lebt und arbeitet in *Berlin/Hamburg/seiner urigen Heimatstadt*, mehr über ihn erfährt man *auf seiner Homepage/ bei Instagram/nicht*.

Auf der Datenautobahn gibt es kein Tempolimit

Daran, dass jemand »Hier ist die Welt noch in Ordnung« sagt, lässt sich erkennen, wo es kein schnelles Internet gibt.

Fragen

Gibt es eine größere Zahl als 9.347.823.782.340?

Welche Tiere waren von Gott ursprünglich mal ironisch gemeint?

Was erzählten sich die drei Chinesen auf dem Kontrabass und wieso wurde ihr Gespräch jäh von einem Polizisten unterbrochen?

Wird der Dritte Weltkrieg eigentlich bei Sky, Sat.1 oder Netflix übertragen?

Bin ich der Einzige, der bei der Formel 1 früher stets Jarno Trulli die Daumen gedrückt hat, weil sein Name so ulkig klang?

Warum weiß niemand, wo Honig herkommt?

Darf man alle, die auf Krawall gebürstet sind, über einen Kamm scheren? (Diese Frage ist ein bisschen an den Haaren herbeigezogen, ja.)

Wann ist ein Mann ein Mann? (Dö döp döp, de döp, de döp döp, de döp.)

Was ist, wenn man Work&Travel in Australien gemacht hat, wiederkommt und man ist der gleiche Mensch wie vorher? Muss man dann zur Strafe nochmal ein Auslandsjahr in Hannover machen?

Ist ein Walzer im Fünfvierteltakt mathematisch überhaupt möglich?

Was machen diese Putzerfische, die im Aquarium immer an der Scheibe herumsaugen, eigentlich im Ozean? Ein Leben lang rumschwimmen auf der Suche nach einem Fenster?

Gibt es Menschen, die sich nicht wahnsinnig darüber freuen, auf dem Handy Urlaubsfotos von anderen Leuten gezeigt zu bekommen?

Gibt es irgendetwas über Möhren, das ich noch wissen sollte?

Wenn Hipster immer dort hinziehen, wo es günstig, heruntergekommen und langweilig ist, wann kommen sie dann endlich nach Krefeld? Ich warte!

Warum mögen alte Leute keinen Ketchup?

Wie cool ist bitte das Wort »Mähdrescher«?

Was ist jetzt genau der Unterschied zwischen brutto?

Was kostet eine Renovierung, wenn man mal so richtig auf den Putz gehauen hat?

Heißt es der, die oder das Beatles?

Wenn sauer lustig macht, wieso verstehen Wutbürger dann keinen Humor? Das wird man ja wohl noch fragen dürfen!

Wissen Kaninchen selbst immer ganz genau, ob sie Kaninchen sind – oder nicht doch vielleicht Hasen?

Ist Zucker nicht häufig total raffiniert?

Kann man im Internet eigentlich auch Kirchen bewerten?
Sankt Bukowski-Kirche, Reutlingen
1 von 5 Sternen: Also, meine Gebete wurden da noch nie erhört!
4 von 5 Sternen: Spitzen Beichtstuhl, der ist jede Sünde wert!
2 von 5 Sternen: Aber die Oblaten waren früher viel leckerer!

Sind Nippel nicht einfach nur grundsätzlich von der Natur vorgesehene, nützliche Pickel?

Ist der Wurmfortsatz ein Haupt- oder Nebensatz?

Was haben sich böse Menschen zu Weihnachten gewünscht, wenn nicht Weltfrieden und irgendwas von LEGO?

Wenn Orangensaft so gesund ist, wieso gießt man dann Topfpflanzen nie mit O-Saft, brauchen die kein Vitamin C oder gönnt man ihnen die Vitamine nicht?

Wenn man den Banküberfall aus dem Film »Ocean's 11« nachahmt, ist man dann ein Raubkopierer?

Wenn Super Mario kein Italiener, sondern Deutscher wäre, hieße er dann »Toller Jochen«? Oder »Prima Klaus«? »Spitzen Ulf«?

Gab es Michael Jackson wirklich?

Was ist das gesündeste Verhältnis von Punkrock und Spießbürgerlichkeit?

Grüßen sich Träger von Levi's-Shirts auf der Straße gegenseitig, so wie Busfahrer?

Warum ist Bernd Begemann nicht weltberühmt?

Hat da gerade jemand »Jehova« gesagt?

Warum haben Kühe und Schweine eine Leber, die saufen doch gar nicht?

Wie reagiert der Körper, wenn man Schlaftabletten in Kaffee auflöst?

Und die SPD, was ist da eigentlich schon wieder los?

Wenn sie doch verheiratet sind, warum heißt sie nicht »Beyon-Z«?

Ist das hier die letzte Frage?

Oder diese?

Diese hier?

Die Schnecke

Sie wohnte in 'nem Schneckenhaus
und guckte da nur selten raus.
Tat sie's mal, wuchs der Zorn,
um sie rum: nur Paderborn.

Jazz, Jazz, Jazz

Viele Jazzmusiker haben am Ende des Monats wenig Geld übrig und müssen daher viel improvisieren.

JAPANIK!

Das Leben ist wie eine japanische Fernsehshow: Ich verstehe nicht alles, scheint aber ganz witzig zu sein.

Tote Goldfische die Toilette herunterspülen, finde ich nicht so gut

»Guten Tach, zwei Tickets für 19 Uhr, bitte!«

Ein kühler Wind flitzt über die Bordsteine der Nebenstraße, in der das einzig verbliebene Programmkino der Stadt mutig der allgemeinen Kulturverdrossenheit trotzt. Die Filmplakate und Leuchtreklamen an den Wänden wirken mindestens dreimal so alt, der Ticketschaltermann mindestens viermal so deprimiert wie ich.

»Zwei Karten?«, fragt er grimmig und erwartungsgemäß nach, stehe ich doch allein vor dem Schalter.

Ja, ich hoffe, dass noch jemand kommt, erkläre ich ihm. Das hoffe er auch. Die Filmrolle einlegen lohne sich erst ab vier Besuchern und dann auch nur, wenn reichlich geplatzte Maiskörner gegessen und Zuckerwasser getrunken würden.

Die Worte kommen ausdruckslos aus ihm heraus, er hat sie schon häufig durch seinen längst ergrauten Bart sprechen müssen und auch ich höre sie nicht zum ersten Mal. Man kann sagen, Freude liegt nicht wirklich in der Luft.

»Weißt du, junger Freund?«, sagt er und macht eine Pause, damit ich merke: Obacht, jetzt kommt was Wichtiges, »Wenn ich die Schlümpfe in 3D zeigen würde, dann wäre der Saal voll, am Wochenende dreimal am Tag. Aber ich zeige ihn hier nicht. Willste wissen, warum?«

Will ich.

»Weil die 3D-Filme der Schlümpfe unfasslich scheiße sind. Eine Verschandelung meiner Kindheit, als hätte jemand die Mona Lisa mit einem Edding bekritzelt. Absoluter Müll. Deswegen zeige ich die 3D-Filme der Schlümpfe nicht. Und ich bekomme die Digitalkopie frühestens in 'nem halben Jahr, ist auch'n Grund.«

Gut, dann eben keine Schlümpfe. Ich nicke zustimmend. Was sie heute stattdessen zeigen wollen, entzieht sich meiner Kenntnis. Ich lasse mich hier gern überraschen. »Überraschungen sind der Anfang des Begreifens« hat ein spanischer Philosoph mal gesagt. Klingt schlau, wird schon stimmen. Bislang wurde ich auch nur einmal enttäuscht, als ich mir eine litauische Musicalverfilmung im O-Ton ansehen durfte. Musicals sind meine 3D-Schlümpfe. Also dann, was gleich wohl über die Leinwand flimmert? Japanischer Katastrophenfilm, französische Literaturverfilmung, Matthias-Schweighöfer-Schmonzette: theoretisch alles möglich. Letzteres wäre schade für meinen inneren Frieden, erscheint mir aber auch unwahrscheinlich. Wenn es heute überhaupt zu einer Aufführung kommt, noch bin ich der einzige Gast. Wieder einmal. Man fragt sich bisweilen, warum die Straßenlaternen überhaupt noch angeknipst werden, wenn ohnehin alle zuhause bleiben.

Ich krame nach meinem Mobiltelefon, um herauszufinden, wo meine Begleitung bleibt. Oha, eine ungelesene Nachricht.

»Hey Johannes, ich würde dich ja wirklich gern ins Kino begleiten, aber leider, leider: keine Lust. Tschüss!«

»Guten Tach, ein Ticket für 19 Uhr, bitte«, sage ich. Der Kinomann versteht und lacht, der Schelm. Galgenhumor heißt: fröhlich sterben. Aber eben auch: sterben.

Programmkino, du tapferes Relikt vergangener Tage. Zuerst kamen die Videokassetten, dann die Multiplex-Kinos, DVDs, dann dieses Internet und jetzt haben die Leute keine Lust. Kulturförderung der Stadt gibt es auch keine. Das Engagement einzelner, ewig begeisterter Cineasten so mit Nichtbeachtung zu bestrafen, ist nicht viel besser als Goldfische die Toilette herunterzuspülen, finde ich. Der Lauf der Dinge, frech, unfair, ist halt so. Minuten vergehen. Zehn nach sieben, da kommt keiner mehr.

»Was hätten Sie denn gezeigt?«, frage ich nach.

»*Juust õlu vanaema'*, ist'n estnisches Musical. Ganz neu. Hat gerade erst den zweiten Platz beim lettischen Filmpreis erhalten. Künstlerisch wertvoll in Szene gesetzt, tolle handgenähte Kostüme und ganz gut gesungen. Wär 'ne Deutschlandpremiere gewesen. Tja.«

Gespielte Enttäuschung meinerseits. Während ich mich dann wundere, was das Baltikum neuerdings an Musicals findet, wühlt der Kinomann unter seinem Tresen herum.

»Mhhm, Feierabend, was?«, sage ich um Aufmunterung bemüht – keine Antwort. Weiteres Wühlen.

»Komm mit!«, murmelt er schließlich. Er schließt die Türe auf und wir schlurfen in den leeren Kinosaal. Dort ist es nur spärlich beheizt, es riecht nach Pistazie und vier Dekaden Besucherschwitze. Nach kleinen Brandflecken auf den Sitzen muss man nicht lange suchen und ich bin mir sicher, es gibt in Asien bereits Plasma-TV-Geräte, die größer sind als die hiesige Leinwand. Man fühlt sich – Achtung, Phrase – zurückversetzt in eine andere Zeit. Heruntergerockt, unperfekt, in dieser Umgebung sieht Kunst nach dem aus, was es leider manchmal ist: Arbeit. Ich mag's hier.

Aus dem Dunkel eine Stimme: »Wenn du den Film unbedingt sehen willst, dann sollst du ihn sehen. Die Kosten hol ich mit einmal Schlümpfe-Zeigen wieder rein. Setz dich.«

Er klingt verbittert und freundlich zugleich, holt mir Popcorn und Cola. Mir fällt auf, wie unangebracht jetzt mein Geständnis wäre, keine Lust auf estnisches Gehopse und Gesinge zu haben. Und so lasse ich es über mich ergehen. Schließlich mache ich ihm eine Freude, wenn ich vortäusche, dass er mir eine Freude macht. Kompliziertes Leben. Überraschungen sind der Anfang des Begreifens. Nach zwölf teils arg wirren Songs und siebenundachtzig Minuten habe ich das Machwerk hinter mir. Die Kostüme waren tatsächlich ganz nett.

»Und?«, fragt der Kinomann.

Ich antworte geschickt mit einer Gegenfrage: »Wenn der Film nur den zweiten Preis geholt hat, was hat dann den lettischen Filmpreis gewonnen?«

»Ein argentinisches Drama über ein homosexuelles Tapir. Es verirrt sich in Buenos Aires, landet bei einer Tangoschule und mehr will ich nicht verraten. Zeigen wir nächste Woche.«

»Klingt gut. Da komm ich rum. Und ich bring 'nen Kumpel mit. Vielen, vielen Dank, ne. Tschö!«

Der Kinomann verabschiedet mich stumm und als ich das Lichtspielhaus verlasse, sehe ich, wie er auf die schwarze, leere Leinwand starrt. Welche Gedanken auch immer gerade hinter seiner faltigen Stirn umherschwirren: Ich glaube, ich bringe nächste Woche nicht einen Kumpel mit. Sondern drei.

Tour

Reisen ist wie ein großes Buffet voller Leckereien, nur ohne dass es satt oder Spaß macht.

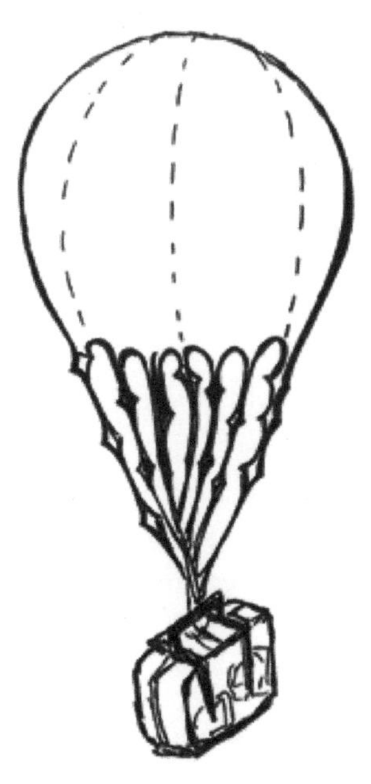

Floehr & Hein #3

Playlist der dritten Ausgabe der Indiedisco »Floehr & Hein« vom 29.09.2017 im Magnapop/Krefeld: Hits und Songs, die welche sein sollten. Zum Nachtanzen.

23 Uhr

Chad VanGaalen – Mind Hijacker's Curse
Tocotronic – Hi Freaks
Midlake – Young Bride
of Montreal – Fugitive Air
Kid Kopphausen – Das Leichteste der Welt
Oasis – Digsy's Dinner
Motorpsycho – You Lied
The Raconteurs – Many Shades of Black
We Are Scientists – Nobody Move, Nobody Get Hurt
Little Man Late – Sexy in Latin
Rival Schools – Travel by Telephone
Weezer – Knock Down Drag Out
The Pains of Being Pure at Heart – Young Adult Friction
Mac DeMarco – Salad Days

Cold War Kids – First
Kettcar – Deiche
Maximo Park – Now I'm All Over the Shop
Josh Ottum – If This Mirror Could Only Talk

0 Uhr

Beck – Up All Night
Peace – Lost On Me
Zoot Woman – Grey Day
Dispatch – Skin the Rabbit
LCD Soundsystem – Daft Punk is playing at my House
STRFKR – Girls just wanna have Fun
Monster Magnet – See you in Hell
Robbie Williams – Kids
The Cribs – Men's Needs
Portugal. The Man – Feel it Still
Chew Lips – Salt Air
Steel Panther – Community Property
Romano – Anwalt
War on Drugs – Holding On
Maximo Park – Girls who play Guitar
Bloc Party – Hunter for Witches
Mastodon – Show Yourself
Tame Impala – Elephant

1 Uhr

The Dead 60es – Riot Radio
Olli Schulz – Dann schlägt dein Herz

Peter, Björn & Paul – Young Folks
Soundgarden – By Crooked Steps
The Pigeon Detectives – This is an Emergency
Outkast – Hey Ya!
Bilderbuch – Spliff
Broken Social Scene – Stay Happy
Klaxons – Golden Skans
Rooney – When did you Heart go missing?
Soulwax – Much against
Stephen Stills – Love The One You're With
Gurr – Moby Dick
The Kooks – She moves in her own Way
Queens of the Stone Age – Go with the Flow
Breeders – Cannonball
Led Zeppelin – Immigrant Song
Tomte – Schreit den Namen meiner Mutter
Two Door Cinema Club – What you want

2 Uhr

Danko Jones – The Roots
Motorpsycho – Mantrick Muffin Stomp
Dens – Instant Street
In the Valley Below – Peaches
The Rifles – Peace & Quiet
Giant Rooks – New Estate
Tocotronic – Keine Meisterwerke mehr
Scumbucket – Them or us
The Preatures – Is This How you Feel?
Vance Joy – Lay it on me

Gorefest – Freedom
Symphony X – Paradise Lost
Herbert Grönemeyer – Bochum (DA IST MAN EINMAL KURZ DRAUSSEN UND DANN SOWAS!)
Refused – The Shape of Punk to Come
Helmet – Unsung
Tomte – Die Schönheit der Chance
The Rifles – Heebie Jeebies
Helmet – He feels bad
Mr. Bungle – Ars Moriendi

3 Uhr

Dendemann – Stumpf ist Trumph
The Wombats – Moving to New York
Ben Folds – Get your hands off my Woman
Fehlfarben – Es geht voran
Dillinger Escape Plan – Black Bubblegum
Daft Punk – Technologic
Aerosmith – Crying
The Police – Roxanne
Yes – Owner of a Lonely Heart
Joy Fleming – Ein Lied kann eine Brücke sein
Deichkind – So 'ne Musik
Shout Out Louds – Please Please Please
Mando Diao – God Knows
Robert Kauffmann – Sternenklar & Sternhagelvoll

Zu unserem Geburtstag mach ich mal die Heizung an.
(Zitat: Björn Gögge)

Besuch

An der Türe klopft es.

»Herein!«

»Hallo, ich bin es.«

»Ach, du!«

»Ja, ich dachte, ich schau mal herein.«

»Gerne! Setz dich!«

»Danke! Könnte ich ein Glas Wasser haben, bitte?«

»Ich denke, es ist besser, wenn du jetzt gehst.«

»Auf Wiedersehen!«

Die Türe fällt ins Schloss.

Am Anfang war das Oh

Phase 1
oh!

Phase 2
oh oh

Phase 3
oh oh oh oh oh oh oh oh oh oh oh oh oh oh oh oh

Phase 4
oh.

Anders

»So wie früher wird's nicht mehr.«

»Wie war's denn früher?«

»Anders.«

»Doch, anders wird's wieder.«

»Echt?«

»Ja.«

»Auch schade, irgendwie.«

»Dich kann man auch nicht so einfach vollends zufriedenstellen, oder?«

»Doch.«

»Echt?«

»Ja.«

»Auch schade, irgendwie.«

Mein Gehirn
liebt mich
nicht mehr.

Deutchsland

An einer Straße/
eine Ampel rot/
kein Auto kommt/
sechs Leute/
alle warten

Einigkeit und/
Recht und/
so

So schlau

Intellektuelle sind für mich so Leute, die Dinge ohne das Wort »so« beschreiben können.

Wissenswertes über Hühner

I

Das Huhn wird im Englischen *chicken*, im Französischen *le poulet*, im Spanischen *el pollo* und im Türkischen *kükürükü* genannt. Auf Japanisch heißt das Huhn チキン.

II

Lange gab es bloß weiße Eier, doch seit sie sich mehr Mühe geben, legen Hühner auch braune Eier,
Stichwort Leistungsgesellschaft.

III

In Georgien gelten Hühner als sehr lecker.

IV

Hühner können bis zu fünfzig Meter weit fliegen. Erfahrene Werfer bringen es auch auf achtzig, neunzig Meter. (Vom Wurf wird jedoch abgeraten, da Hühner dadurch kaputtgehen können.)

V

Schließt man die Augen, schmeckt alles, was der Mensch isst, nach Hühnchen.

VI

Paradox: Je mehr Hühner gegessen werden, desto mehr Hühner gibt es auch. (Mal drüber nachdenken.)

VII

Hühner können, wenn ihnen der Kopf abgeschlagen wird, noch so lange weiterleben, bis sie sterben.

VIII

Das morgendliche Krähen, das Kikeriki, von vielen als »Guten Morgen« missinterpretiert, heißt in unsere Sprache übersetzt was ganz anderes, von dem die meisten wohl gar nicht vermutet hätten, dass Hühner etwas so Wundervolles überhaupt zu denken in der Lage sind.

IX

Hühner können von Natur aus super picken.

X

Zu den bekanntesten Hühnern der Popkultur zählen Henriette Huhn (aus Entenhausen), Gickerich und Gackerich (aus einer netten Bildergeschichte von Wilhelm Busch), das Moorhuhn, Unser Charly sowie Hahn Solo (Star Wars).

XI

Wären Hühner Menschen, dann wäre es verboten, sie zu essen. Aber man könnte sich besser mit ihnen unterhalten.

XII
Ganz schön faul: Küken gelten als Nesthocker.

XIII
In den Achtzigern schmunzelte man über den Sponti-Spruch »Es gibt viel Huhn, backen wir es an«.

XIV
Die meisten Haushühner wohnen im Freien.

XV
Stellt man beim Wort »Huhn« die Buchstaben auf den Kopf, so lässt sich immer noch ganz gut erahnen, welches Wort sie bilden.

XVI
Die beliebtesten Vornamen bei Hühner-Familien waren im Jahr 2017 Claudia, Yves und Torpedo-Jürgen. Niemand hingegen nannte sein Huhn Jürgen, historisch gesehen zum ersten Mal seit 1985.

XVII
Nimmt man beim Wort »Huhn« einen Buchstaben weg und fügt ein paar zusätzliche hinzu, so erhält man den Satz: »Der einzige Weg, eine Versuchung loszuwerden, ist, ihr nachzugeben«.

Beim Trödelmarkt in Köln-Ehrenfeld

»Passt das hier zu meinem Dutt?«

»Das ist ein Schrank.«

Perspektive

»Guck mal da oben, der Mond!«, sagte sie und zeigte stolz in Richtung Himmel, als habe sie just eine Entdeckung gemacht, die der Menschheit und mir bislang gänzlich verborgen geblieben wäre.

»Ja. Das ist der Mond«, antwortete ich lakonisch.

»Ach, du Dödel, sei doch einmal romantisch! Der Mond, wie er da so friedlich und selbstverständlich am Himmelszelt thront und über uns wacht. Das ist doch wunderschön.«

Ich nahm mir ein paar Sekunden Zeit, um darüber nachzudenken, wie ehrlich ich in diesem Moment sein konnte. Oder sollte. Dann sagte ich:

»Ich finde ja, der Mond ist überflüssig. Früher, bevor jemand auf diese gute Idee mit den Kerzen gekommen ist, da hatte er noch eine Funktion, eine Aufgabe. Das mit den Gezeiten hatte damals auch noch seinen Sinn, zudem war der olle Leuchtklops geheimnisvoll: Ob dort oben jemand wohnt, der Mondmann mit seiner Mondfamilie, haben wir uns gefragt? Nein, stellten wir dann fest. Und jetzt ist der Mond einfach nur noch da. Mehr nicht. Ein nettes Relikt vergangener Tage, an das wir uns gewöhnt haben. Wie an Telefonzellen. Weißt du, wie viele Menschen in ganz Deutschland 2016 eine Telefonzelle benutzt haben? Achthundertneunzehn. Gut, stimmt nicht, habe ich mir gerade ausgedacht, aber: Es könnte sein. Oder nicht? Wüsstest du, wo die nächste steht? Würdest du bemerken, wenn alle verbliebenen von heute auf morgen durch, öh, Bäume ersetzt werden würden? Anders: Was meinst du, wie viele Nächte bräuchtest du, um zu bemerken, dass der Mond nicht mehr da ist? Eine? Fünf? Fünfzig? Da erfreue ich mich lieber an anderen Dingen, zum Beispiel an ihm hier!«

Und mit »ihm hier« meinte ich die mitgebrachte Flasche Sekt, aus der ich mir nach dem fulminanten (Anti-Mond-)Monolog einen großen Schluck erlaubte. Nicht dass es etwas zu feiern gegeben hätte, aber ich dachte, Alkohol würde ein solches erstes Treffen mit hoffentlich beidseitigem romantischem Interesse bloß bereichern und erleichtern. Wir, T. und ich, wir kannten uns bloß flüchtig über gemeinsame Freunde, bis wir von ebenjenen »herrlich ungezwungen« auf einer Party einander näher vorgestellt wurden. In Ermangelung an Alternativen ließen wir uns darauf ein.

Wir redeten. Wir lachten. Wir diskutierten. Zum wiederholten Male musste ich ihr recht geben, so warf ich ein: Es gäbe derzeit keine Diktatorin auf der Welt, da müssten Feministinnen mal aktiv werden.

Sie schmunzelte, ein schönes Gefühl. Wir blieben oberflächlich in Kontakt, für den heutigen Abend hatten wir uns schließlich fürs Kino verabredet. Ich schlug nach, wie man es schreibt, und notierte mir »Rendezvous« im Kalender. Wir sahen uns einen Film an, den ich nicht verstanden habe und über den auch sie im Anschluss erfreulich wenig sprechen wollte. Wenn man gemeinsam schweigt, haben beide recht.

Als nichts mehr aus der Sektflasche herauskam, hielt ich sie kopfüber – also, die Flasche, nicht sie, haha –, ein paar letzte Tropfen fielen auf den Rasen des Stadtparks, dessen einzige Gäste wir waren. Keine Überraschung, mittwochs um halb vier morgens.

Nach einer gefühlten Ewigkeit erhob sie schließlich ihre Stimme: »Gegenfrage: Bin ich für dich so etwas wie der Mond? Nett anzuschauen, aber mehr nicht? Und du würdest nicht bemerken, wenn ich morgen nicht mehr da wäre?«

Kurze Pause, erneutes Überlegen, wie viel Ehrlichkeit, wie viel Pathos eine Antwort enthalten sollte.

»Nein, nein, ich bin der Mond! Und du die Erde! Weil sich für mich alles um dich dreht.«

Schau, ich kann wohl romantisch, dachte ich. Oder kitschig, keine Ahnung, die Grenzen sind da oft fließend. Und nicht einmal gelogen, dass sich bei mir so einiges drehte.

»Spinner!«, sagte sie und gab mir einen Kuss auf die Stirn.

Wir plumpsten auf den Rasen und sahen schweigend gen Himmel. Sonne, Mond, Sterne; gucke ich mir von mir aus alles gerne an, solange sie nur mit dabei ist. Ich konnte nicht einschätzen, ob sie mich schrullig, lustig, kreativ fand oder einfach nur für bescheuert hielt, aber es war mir egal. Wer Küsse auf die Stirn bekommt, der hat schon irgendetwas richtiggemacht. Ob es dann Liebe oder Alkohol war, das wir da fühlten, das soll der Tag entscheiden.

Es begann, leicht zu regnen. Wir schlenderten über eine überbäumte Straße zu mir nach Hause, beiläufig grüßten wir die Zeitungsausträger.

Vor meiner Wohnungstüre sagte sie dann: »Du, weißt du, wenn der Mond nicht wäre. Ohne seine Anziehungskraft würde sich die Erde dreimal schneller um ihre eigene Achse drehen als jetzt. Im Sommer wären fünfzig Grad plus, im Winter fünfzig Grad minus. Habe ich mal gelesen. Vielleicht ist er doch nicht so unnötig, der Mond.«

Und wieder hatte sie recht. Ich mag sie trotzdem.

Funk ist Jazz zum Tanzen

Sitzplatzbeschaffungsmaßnahme

Im überfüllten ICE Leuten fünfzig Euro in die Hand drücken: »Fahren Sie doch ne Stunde später.«

Freitag, 23:29 Uhr

Ich bestellte ein weiteres Bier, bereuen sollte ich es nicht.

Eine Absage

Ich schrieb:

»Tach Luke, du, ich muss dir leider schnell für heute Abend absagen. Ist ein bisschen kurzfristig, ich weiß, aber immerhin habe ich jetzt keine Larifari-Ausrede wie ›Mein Wellensittich hat Schnupfen‹ oder ›Ich muss meinen neuen Teppichklopfer ausprobieren‹, nein, sondern, pass auf: Der Grund für meine Absage ist ein schöner. Ich saß vorhin auf der Parkbank, wie immer so halb-rauchend, halb-nachdenkend, so wie ich mir halt so Zeit und Angst vertreiben will, wobei das ja gar nicht so gesund ist, dieses ständige Nachdenken, denn es ist ja so: In den Momenten, in denen man am wenigsten nachdenkt, da fühlt man sich oft am besten – denk da mal drüber nach! Jedenfalls sprach mich dann da so eine junge Dame an, sie hatte viel Gepäck unter ihren dünnen Armen und dann hat sie mich gefragt, ob ich mit ihr zu einem Musikfestival in den Osten fahren würde. Sie hätte da eine Karte übrig und würde lieber einen Typen wie mich mitnehmen und kennenlernen, als da jetzt alleine hinzufahren. Und ich bräuchte auch kein Zelt oder sonst etwas mitzunehmen, das bekämen wir schon hin, ich würde ihr schon kein Kind machen, wären ja auch nur drei Tage – alles kann, nichts muss! Ich solle mich einfach nur entspannen, hat sie dann gesagt, und das fiel mir schwer, denn ich glaube, da hatte ich mich aus Versehen schon ein bisschen in sie verliebt oder wie man das sagt, wenn man sich tatsächlich und ehrlich für jemanden interessiert. Gefühle sind was ganz Feines, kann ich jedem nur empfehlen. Aber dann hatte ich dich im Kopf und heute Abend, man sagt ja ungern so spontan ab, ich zumindest nicht, ich stehe stets zu meinem Wort, sollte ich auch, bin ja schließlich Schriftsteller, haha! (Kleiner Scherz.) Übrigens, lustiger Zufall auch: Bei diesem Musikfestival da spielt übermorgen diese eine norwegische Folkband, die du mir neulich mal empfohlen hast. Ich habe mir die ja ehrlich gesagt noch nicht angehört, aber ich höre die ja jetzt auf diesem Festival und wir können dann ja demnächst vielleicht mal zusammen bei einem schönen Wein die CD oder Schallplatte davon hören, aber nicht heute Abend, denn, wie du dir vielleicht schon erschlossen hast, habe ich dem Mädchen zugesagt. Auf der Suche nach dem Guten im Leben muss man auch mal spontan sein! So wie es diese junge Dame ja jetzt auch war. Ihr wurde offenbar abgesagt – haha, wie dir jetzt! Eigentlich läuft es ja immer so. Entweder man sagt ab oder man sagt: Na gut! Und jetzt habe ich eben na gut gesagt, jetzt kreuzen sich die Wege des Mädchens mit meinen, finde ich auch ehrlich gesagt gar nicht so schlimm, der alte Tattergreis namens Zufall macht offenbar nicht immer nur Scheiße, sie scheint auch wirklich prima zu sein, gut aussehen tut sie wie gesagt auch. Ich würde dir ja jetzt gerne ein Foto senden, damit du siehst, dass es okay ist, dir für sie abzusagen, aber einerseits käme das bestimmt seltsam rüber, wenn ich ihr sagen müsste, ich wolle ein Foto von ihr machen, um dir zu zeigen, dass sie gut aussieht, und andererseits habe ich nur so ein ganz altes Handy, noch nicht mal Smartphone, da kann man gar keine vernünftigen Fotos mit machen. Nur so eine olle Einskommairgendwasmegapixel hat das Gerät, da kommt ihre Schönheit gar nicht rüber, da kann man im Prinzip gar nichts drauf erkennen. Apropos Fotos, auf denen man gar nichts erkennt: Ich stelle mir ja immer ganz gerne vor, wie jemand bei einer UFO-Sichtung sagt: ›Ah! DA! Ein Ufo! Das glaubt uns keiner! Schnell, Heinz, hol die schlechteste Kamera, die du finden kannst!‹ Schließlich kann man auf diesen UFO-Sichtungsfotos nie ein UFO oder generell irgendwas außer Pixelbrei erkennen, aber vielleicht gar kein so passender Einwurf, wir reden hier ja nicht von UFOs, sondern mehr von einer USO: einer unverhofft spontanen Offerte. Ach, und Marie heißt sie, habe ich noch gar nicht erwähnt, Marie, ein sehr schöner Name, ich habe immer sehr gute Erfahrungen mit Maries gemacht, da galt eigentlich immer: netter Kontakt, gerne wieder! Und vielleicht ergibt sich hier ja jetzt auch noch etwas Zwischenmenschliches, ich will da jedenfalls nichts ausschließen und von vornherein nein sagen, wer will schon ein notorischer Neinsager sein. Neinsager haben meistens einfach nur Angst. Neinsager sind trieblose Vagabunden im eigenen Teufelskreis. Wobei natürlich auch jene, die immer gleich ›JA!‹ rufen, ziemliche Honks sein können, man muss zwischen Ja und Nein immer gut abwägen, da ist es wie in unserer Gesellschaft: Die Mischung macht's, oi oi oi! Ich bin ja im Grunde ein Joa-Sager, ein Jein-Sager, ein Müssen-wir-mal-sehen-ich-sage-dir-kurzfristig-Bescheid-oder-vergesse-es-Sager, nur jetzt hier bei der Marie, da musste ich natürlich ein Jasager sein, das halbe Festival wird mich um ihre Gesellschaft beneiden: Oh, schaut mal dort, die Rothaarige mit den Sommerprossen, hui! Und nur ich werde bei ihr im Zelt übernachten – wobei, vielleicht fragt sie ja auch noch drei weitere Leute, das Zelt kann ja auch riesengroß sein –, aber nein, so schätze ich meine Marie nicht ein! Alles wird gut und übermorgen, wenn es vielleicht leicht regnet, dann stehen wir barfuß bei Sonnenuntergang im Publikum bei dieser norwegischen Folkband und geben uns schüchtern den ersten Kuss und dann – na gut, den Rest meiner Fantasien erspare ich dir, nicht aber noch einmal die Quintessenz dieser Nachricht: Tut mir leid, ich kann heute Abend nicht, tschüss und hau rein.«

Ein schlechter Freund würde auf diese Absage beispielsweise so reagieren: »Yeah, Johannes, alter Puddingklotz, viel Spaß im Osten, du sehr geiler Typ! Und rothaarig ist sie? Dann denke immer an den Spruch: ›Je rostiger das Dach, desto feuchter der Keller‹. Zwinker, zwinker!«

Ein guter Freund würde jedoch das Folgende darauf antworten: »Ach, Johannes, was ist denn los. Ich kenne dich doch, du hast nicht auf einer Parkbank herumgesessen, das Mädchen gibt es auch nicht, außerdem ist es Februar, es finden noch gar keine Musikfestivals statt. Wieso sagst du schon wieder ab? Geht es dir irgendwie nicht gut? Pass auf, wenn du reden willst, ich bin innerhalb einer Stunde da. Und lass dich nicht immer so hängen.«

Und darauf würde ich dann antworten: »Jo. Komm um acht. Und bring eine Flasche Wein und Musik von dieser norwegischen Band mit.«

Abschließend würde ich dann noch dieses eine, immer sehr wichtige Wort sagen: »Danke.«

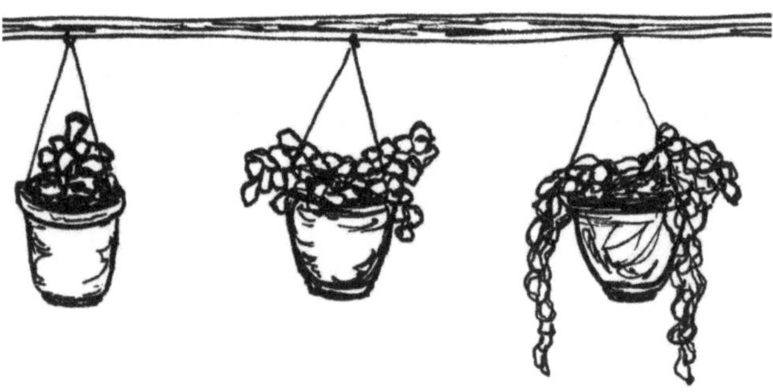

Der verhängnisvolle Nachmittag des Typen, der bei »Getränke Frömmelmann« die Leergutannahme betreut

Er starb.

Montag

»Wisst ihr, Jungs«, seufzte er, »ich glaube, ich habe vergessen, wie das wahre Glück aussieht«, und es klang nicht, als wäre dies die Einleitung zu einem kleinen heiteren Scherz in geselliger Runde. War es dann aber doch. Er holte ein Bier unter dem Tisch hervor und sagte erleichtert: »Ach, stimmt, so sah das Glück aus!«, und die Runde prostete ihm zu, erleichtert, kein ernsthaftes Gespräch führen zu müssen. Sie lachten bis drei und tranken bis vier.

NO DRINKS
OUTSIDE!

Ganz schön frech!

Manchmal denke ich auch im Sommer an Weihnachten.

Nicht nur bei Freunden von Bäckereien ist die Summe aller Teilchen scheiße

Ich war nicht dabei, aber laut www.zitate-online.de soll der gute Kurt Tucholsky einmal gesagt haben: »Der Vorteil der Klugheit besteht darin, dass man sich dumm stellen kann.«

Und ich bin arrogant genug, um mich als Tester dieses sehr guten Zitates zur Verfügung zu stellen. Geht das? Dumm stellen? Es bedarf eines Versuches.

Aber nicht bloß im kleinen Rahmen, sondern im ganz großen Stil. Ich musste dahin gehen, wo Hirnzellen dahingehen. Haha, ein Wortspiel. Aber wo ist das? Im Internet? Im deutschen Privatfernsehen? In Berlin-Mitte? Möglich, aber noch nicht doof genug. Ich wollte es extrem. Gerade die Dümmsten der Dummen waren mir genug. Also ging ich zur NPD.

Wenn es mir gelänge, dort nicht sonderlich aufzufallen, dann hatte Tucholsky wohl recht. Aber wie wird man bei der NPD vorstellig? Wie schleust man sich in nationalsozialistische Kreise, wenn man im Westen wohnt und der eigene Nachname, Floehr, klingt wie Französisch für »Blume«? Ich entschied mich für eine E-Mail, natürlich verfasst in altdeutscher Schrift. Und die lautete folgendermaßen:

Heilihallöchen Naziſ.

Mein Name iſt Johanneſ Floehr, ich bin 21 deutſche Jahre alt und bevor ihr euch wundert: 'Floehr' klingt zwar wie 'Blume' auf Franzöſiſch. Aber wie ich herauſgefunden habe, ſind ſelbſt Jiddiſch und Afrikaanſ weſtgermaniſche Sprachen. Kein Scheiß. Ich hoffe alſo, daſſ daſ mit meinem Nachnamen ok geht, zwinker zwinker. Und ich ſchwöre auf Goebbelſ: Alle meine Vorfahren waren Germanen, in Anlage findet ihr den Ariernachweiſ meiner Großeltern. Warum ich euch ſchreibe? Nun, ich will bei euch mitmachen. Meine Hobbieſ ſind: deutſch ſein, Meiſter Propper, mit Opa über früher und den Führer reden und NSDAPlätzchen backen. Gebt mir einfach eure Adreſſe, ich marſchier dann mal bei euch vorbei.

Auf die nächſten tauſend Jahre!
Euer Johanneſ.

»Heilihallöchen Nazis.

Mein Name ist Johannes Floehr, ich bin soundso viele deutsche Jahre alt und bevor ihr euch wundert: ›Floehr‹ klingt zwar aus Versehen wie ›Blume‹ auf Französisch. Aber wie ich herausgefunden habe, sind selbst Jiddisch und Afrikaans westgermanische Sprachen. Kein Scheiß. Ich hoffe also, dass das mit meinem Nachnamen okay geht, zwinker zwinker! Warum ich euch schreibe? Nun, ich will bei euch mitmachen. Meine

Hobbys sind: deutsch sein, Meister Proper, mit Opa über früher und den Führer reden und NSDAPlätzchen backen. Gebt mir einfach eure Adresse, ich marschier dann mal bei euch vorbei.

Auf die nächsten tausend Jahre!

Euer Johannes.«

Und siehe da, um 5:45 Uhr morgens erhielt ich eine formlose Antwort mit der Adresse der NPD-Zentrale. Ich ging hin. Weidelgässchen 81, soso. Ich atmete tief ein, nahm meine Brille ab, um nicht zu klug zu wirken, und trat ein. Ein kleiner, karger Raum mit Tisch und drei Männlein drumherum.

»Schalömchen, ich habe gestern die Mail geschrieben«, stelle ich mich vor und jemand nahm mich in Empfang.

»Ah, du warst das!«, sagte jemand, stand auf und legte mir seinen rechten Arm um die Schulter. »Aber, du, was stand da eigentlich drin? Wir können kein Altdeutsch lesen, weißt du. Nur hier, der Armin, der kann das ein bisschen entziffern und hat da ›Goebbels‹ und ›NSDAP‹ herauslesen können, also dachten wir, du willst bestimmt von uns lernen und wir laden dich mal ein. Weidelgässchen 81, lustige Adresse, oder?«

Ich verstand nicht.

»81. Stell dir vor, die Zahlen stehen für Buchstaben und die Buchstaben sind Initialien.«

In meinem Kopf verbesserte ich ihn, schließlich heißt es »Initialen« und nicht »Initialien«, doch dann kam mir Tucholsky in den Sinn und ich nickte.

»Ja, stimmt, Initialien! Hier, von dem ...«

»Pssst«, lenkte er ein, »sag den Namen nicht. Selbst wir hier verwenden ihn nur ganz selten, Verfassungsschutz, weißt du.«

Haha! Nein, wusste ich nicht. Bei der NPD war man aber eigentlich recht nett zu mir. Man frug mich, ob ich Hunger oder Durst hätte, man habe noch Arionade Sauerkraut und ein bisschen EssEss-Papier da.

»Nein, nein, danke«, lehnte ich ab, »ich habe vorhin noch einen Döner gegessen.«

Es folgt Stille im Raum.

»Was ist los?«, frug ich nach. »War das etwa dumm?«

Die Herren nickten grimmig. Ich fühlte mich angekommen und angenommen. Doch plötzlich kippte die Stimmung und ich kann es nicht literarischer ausdrücken: Man schmiss mich heraus.

Und den Lesern dieses Textes stellen sich jetzt gewiss drei Fragen:

1.) Was heißt mein Rauswurf jetzt für das Tucholsky-Experiment? Darum ging es ja am Anfang mal. (Die Älteren werden sich vielleicht erinnern.)

2.) Wie lautet eigentlich das Rezept für NSDAPlätzchen? Ist ja bald wieder Weihnachten.

3.) Welches kluge, moralschwangere Ende wird sich der Autor dieses Textes nun überlegt haben?

Die Antwort auf die letzte Frage lautet: Keins. Denn dieser Text wird der NPD zum Vorbild und endet: abrupt.

Der Fön

Pfhüüü üü üü üü üü üü üü üü üü üüüüüüüüüüüüüüüüüüüüüppfh *(Umschalten auf Stufe 2)* PFFÜÜÜÜÜÜÜÜÜÜÜÜÜÜÜÜÜÜÜÜÜÜÜÜÜÜÜÜÜÜÜÜÜ ÜÜÜÜÜÜÜÜÜÜÜÜÜÜÜÜÜÜÜÜÜÜÜÜÜÜÜÜÜÜÜÜÜÜÜ ÜÜÜÜÜÜÜÜÜÜÜÜÜÜÜÜÜÜÜÜÜÜÜÜÜÜÜÜÜÜÜÜÜÜÜ ÜÜÜÜÜÜÜÜÜÜÜÜÜÜÜÜÜÜÜÜÜÜÜÜÜÜÜÜÜÜÜÜÜÜÜ-ÜÜÜÜÜÜÜÜÜÜÜÜÜÜÜÜÜÜÜÜÜÜÜÜÜÜÜÜÜÜÜÜÜÜÜ ÜÜÜÜÜÜÜÜÜÜÜÜÜÜÜÜÜÜÜÜÜÜÜÜÜÜÜÜÜÜÜÜÜÜÜ ÜÜÜÜÜÜÜÜÜÜÜÜÜÜÜÜÜÜÜÜÜÜÜÜÜÜÜÜÜÜÜÜÜÜÜ ÜÜÜÜÜÜÜÜÜÜÜÜÜÜÜÜÜÜÜÜÜÜÜÜÜÜÜÜÜÜÜÜÜÜÜ ÜÜÜPFH.

Alles wieder trocken.

Samstagnacht

»Hey, ich bin Johannes.«
»Hi, ich bin Karina.«
»Das ist doch nicht schlimm.«

Karina geht.

Der Name Maurice weckt in mir keinerlei Gefühle

Exakt neun Monate nachdem sie auf dem Standesamt das Du, ihre Telefonnummern und das Ja-Wort austauschten, fielen gleich zwei Kinder aus der Frau heraus. Ein Männlein, ein Weiblein. Sie nannten ihren Sohn Bernd, obwohl sie ihn beide sehr liebten. Ihrer Tochter hingegen gaben sie einen biblischen Namen, sie tauften sie auf »Psalm 17«.

Gewinnauszahlungsquote

Gewinn – Auszahlung – Quote – Ei – ein – Eins – Zahl – Qual – in – auszahlen – Gnu – Sonne – Wahl – Wal – Walnuss – Gin – Gans – Lunge – Anus – Zahn – aus – ins – Sause – Sinn – Guss – lange – lang – langes – hinaus – Gas – was – wo – Tal – Linz – Wien – Zausel – Nase – Wohnung – zehn – lesen – gewinnen – zahlen – Haus – hin – Hass – hassen – nass – Tee – segeln – Genius – Genie – Ahnung – geil – Zunge – Kuss – Este – Estin – Nuss – Unna – tosen – nie – Aue – nein – innen – Sog – sogenannt – sogenannte – Überblendungsvorrichtung – Lanze – uns – Saal – wann – holen – zu – Zote – Tanz – Zug – Ghana – Alien – Slang – Gau – Gang – wen – Lahn – Not – Note – Noten – Tag – Tage – tagen – hausen – Squash – Last – Susanne – Waage – Gene – Ente – Latz – Latzhose – Hose – Sonne – Tina – Glas – Wiesel – Hals – Hase – IQ – Wanne – Zar – Nina – gut – ungut – Nagel – Gel – zahlen – Zinn – Wein – Laus – Hang – Lot – Lotus – Els – Tanne – Tonne – Woge – Wiege – wiegen – Salz – salzen – tanzen – na – nie – unweit – wenn – Ute – neun – Agent – Gent – Angel – angeln – Glut – Gluten – Segel

(sämtliche Worte in der Auflistung lassen sich aus dem Wort »Gewinnauszahlungsquote« bilden, eines jedoch ist geflunkert. Welches? Bitte farbig umkringeln.)

ohne die Komik
werden wir enden
wie all die anderen
(sonst auch)

In einem Jenaer Café

»Wohin fahren Sie denn, junger Mann?«

»Nach Hause, nach Krefeld.«

»Ah. [Pause.] Und was haben Sie hier gemacht?«

»Ich habe hier gestern Texte vorgelesen.«

»Was für Texte?«

»Eigene Texte.«

»Die Sie geschrieben haben?«

»Ja.«

»Und dafür fahren Sie extra hierher?«

»Ja?«

»Das hätten wir aber auch selber gekonnt, das Lesen! Können Sie nicht beim nächsten Mal einfach nur die Texte herschicken?«

Schmerz

Auf einer Fahrt nach Übersee
übersah ich einen Zeh
ich trat herauf, der Schmerz war doll
war es doch mein eig'ner, lol!

Das gewisse Nichts

Montag.

Keuchend schnitze ich den Teig. Auf den Teller mit dir, du Strolch, flehe ich hochnäsig, um das Nahrung-Esser-Verhältnis zusätzlich zu unterstreichen. Broccoli und Nebengemüse runden das Gericht ab, ein Rezept ohne Mangel. Ich koche es mit einer Beiläufigkeit weg, die selbst ich in aller Bescheidenheit als cool bezeichnen würde. Kochen ist der kleine Bruder von Essen, eine Familie, die mir sehr gut gefällt.

Zum Runterkommen spreche ich mit meiner Katze über die Manifestation des Kapitalismus in unseren Leben und Fußballergebnisse. Nach langem Hin und Her und einer kleinen Pinkelpause einigen wir uns auf ein 1:1. Sonst ist am Montag nichts passiert, weil ich die Schule geschwänzt habe, wie so häufig seit meinem bestandenen Abitur.

Dienstag.

Susanne ist da. Wir sind immer noch nicht zusammen, obwohl die Argumente dafür sprechen und unsere Beziehung zum heutigen Tag gegen kein Gesetz verstoßen würde, toi, toi, toi. Wenn man sich länger als fünf Jahre kennt und noch nicht zusammen ist, dann wird das auch nix mehr. Endspurt. Ich zeige ihr eine eigens von mir aufgezeichnete Quizshow-Aufzeichnung, die ich einst aufgezeichnet habe, um aufzuzeigen, dass ich sehr viel weiß und ein richtiger Fuchs bin. Inzwischen, bei der achten Betrachtung, kenne ich alle Fragen und Antworten auswendig. Susanne ist sehr beeindruckt. Offenbar hat sie sich die Fragen bei den letzten Malen nicht gemerkt, hehe! Klarer Punktsieg für mich. Wir knutschen platonisch. Sie empfindet nichts dabei, ich alles, gemeinsam empfinden wir also durchschnittlich schon mittel-viel, eine gesunde Basis.

Mittwoch.

Donnerstag.

(Da am Mittwoch und Donnerstag exakt dasselbe geschah, möchte ich diese Tage der Übersichtlichkeit wegen zusammenfassen.)

Freitag.

Jeder Mensch, der Zucker und Salz noch nie miteinander verwechselt hat, lügt. Der Kaffee, den ich aufgesetzt habe, ist jetzt sehr, sehr lange haltbar. Susanne ruft an, um für den heutigen Abend abzusagen, der gemeinsame Abend fällt somit wie ein zusammengeklebtes Kartenhaus um. Eine Enttäuschung, so groß wie drei Giraffen in High Heels auf einem Berg mit großen Hüten auf dem Kopf. Eine Enttäuschung, sehr groß. Mir fällt ein, dass ich früher, wenn ich wissen wollte, wie groß ich bin, in Ermangelung eines Zollstocks immer all unsere Lineale zusammennehmen musste. Heute habe ich mich noch einmal nachgemessen und siehe da: Ich bin ganz schön gewachsen, ich bin heute zwölf Lineale groß. Frage mich dann, ob Katzen überhaupt merken, wenn man ihnen Hunde- statt Katzenfutter gibt. Wer tote, rohe Mäuse frisst, der kann doch keine allzu großen Ansprüche an Nahrung haben, oder irre ich mich da? Jedenfalls sind mir Katzen, diese Arschlochtiere mit gelegentlichem Schmusebedürfnis, sehr sympathisch. Katzen kommen nur dann angekatzt, wenn sie etwas von einem wollen, und machen einem diesbezüglich auch nichts vor.

Wissenschaftler haben herausgefunden: Katzen sind sehr gut.

Samstag.

Schmerzlich wird mir bewusst, dass wir in einer fantasielosen Zeit voller »Das darf man aber nicht!«- und »Hab ich dir doch gesagt!«-Sager leben. Wir haben abwechselnd Angst vor unseren Nachbarn und uns selbst, so dass wir nicht mehr die Kraft dazu aufbringen können, dem korrupten Weltwirtschaftssystem die Kontrolle über unsere jämmerliche Existenz zu entziehen. Vor dem Supermarktbesuch wischen wir uns die Tränen aus den Augen, um lächelnd die Produkte aus der TV-Reklame in den Einkaufswagen zu schieben. Im Kühlschrank verschimmelt das Glück von letzter Woche.

Sonntag.

Ich habe heute Kastanienmännchen gebastelt. Einzig und allein deswegen, weil ich es ulkig finde, einer von denjenigen Menschen zu sein, die so etwas tun. Habe den Bastelprozess unnötig in die Länge gezogen, nur für den Fall, dass Susanne anruft, fragt, was ich denn so mache, ich ehrlich, stolz und ihr unabhängig sagen kann:

»Och, du, ich bastel gerade Kastanienmännchen. Hast du das auch schon einmal gemacht? Brauchst du da Tipps? Man benötigt bloß Kastanien, Streichhölzer, Bastelkleber, Wackelaugen und zack, Spaß satt!«

Und tatsächlich, das Telefon klingelte.

»Guten Tach, ich bin's, Susanne«, sprach Susanne keck, »rate mal, wer heute Abend neben dir auf der Couch sitzen und Quizshow gucken wird. A) der Bürgermeister von Schlotzental an der Punz B) Minni Maus C) der Vorstandsvorsitzende von Siemens oder D) deine gute Freundin Susanne.«

Und ich kannte die Antwort, natürlich, es wurde ein gemütlicher Wochenabschluss und ich glaube, der Typ von Siemens war von meinem Wissen sichtlich beeindruckt.

Das plötzliche Gewinnspiel in der Mitte des Buches

Hey, rasch auf die Uhr geschaut: Gewinnspielzeit! Hier die goldene Frage: Wie viele Buchstaben sind insgesamt in diesem Buch verwendet worden? Wer die exakte Anzahl errät oder erzählt, der erhält, kein Scherz, einen fantastischen Preis. Viel »Glück«!

Mail an:

zeno91@gmx.de
Betreff: Buchstaben

(Tipp: Es gibt mehr als zwanzig verschiedene Buchstaben und jeder einzelne kommt mindestens einmal vor.)

PER LUFTPOST

Eine kleine Filmkritik

Ich bin kein großer Filmkritiker, möchte aber feststellen, dass »Ghostbusters« ein sehr geistreicher Film ist.

Rede zur Lage der Situation

Politik. Manche Menschen sind dafür, andere dagegen. Ich jedenfalls finde Politik auch privat sehr gut und wichtig, daher hier nun eine kleine Rede an alle, die ich meine.

Liebe Damen und Männer,

ich melde mich heute wegen Weltgeschehen zu Wort, um einige Fragen in den Raum zu tun. Zum Beispiel diese: Sollten wir nicht alle gemeinsam? Hm? Wäre es nicht langsam an der Zeit? Zusammenheit und Geschlossenhalt! Nur wer an einem Strang zieht! Gemeinsam ist man mehrere! Die Zukunft obliegt vor uns. Sie lauert frech vor der Tür, sie erwartet uns mit all ihren Aufgaben und Schwierigkeiten, die sie hat. Es gibt noch so viel zu entledigen! Ein großer Berg voller Aufgaben befindet sich vor uns, an dem kommen wir nicht drüberherum! Das wird nicht leicht, schließlich kommt nicht alles zyklisch von ganz allein, das Leben ist kein Kreis, es ist ein Dreieck! Oder eine Raute! (Kleiner Kabarettscherz.)

Bescheid wissen! Bescheide kennen! Bescheiden sein! Klug und vernünftig vor Überraschungen verbeugen, äh, vorbeugen! Ahnen, was da am kommen sein werden tut! Nur noch einmal schlafen, dann ist schon morgen! Das darf uns nicht überraschen. Gestern schon an heute gedacht haben! & Bitte aufhören damit, immer nur das eigene Sofa vollzupupsen! Auch andere Sofas sind mal dran! Bepupst die Sofas, geht raus, lernt euch kennen, sprecht miteinander; auch wenn manche Leute echt bescheuert aussehen. Aber traut sich ja fast kaum niemand! Der Stock sitzt tief! Von nichts kommt wenig. Man kriegt nichts geschenkt, wir müssen die Rechnung samt Mehrwertsteuer und Dosenpfand zahlen, Zeche prellen ist nicht gut! Fleiß, Geduld und Eile! Rom wurde auch nicht an einem Tag, sondern laut Bibel mindestens an sieben. Und heute ist schon Mittwoch oder Donnerstag, die Woche ist fast schon wieder rum! Auf einer Skala von Januar bis Herbst haben wir kurz vor zwölf! Der Countdown tickt!

Je dings, desto weniger! Da darf man sich nicht töricht darauf verlassen, dass irgendjemand etwas für einen tut. »Öh, die anderen, die machen das für mich, hehe!« Nee! Käsekuchen! Selbst ist der, der er ist. Das muss man sich ins Gewissen rufen, da muss man um Punkt halb vier Uhr morgens aufstehen, ins Bad gehen, Licht anmachen und dann in den Spiegel sehen und sich sagen: So! Das bin ich! Und dessen bin ich mir vollkommen bewusst bewusst. Was soll denn sonst aus uns werden, wenn wir nicht wir selber sind und das wissen? Du bist du und ich bin ich, so ist es seit unserer Geburt bzw. seit der Geburt desjenigen von uns, der jünger ist.

Mal über den eigenen Tellerrand hinaus essen gehen! Probieren geht überhaupt nicht schwer! Doch, was sehen meine dummen Augen? Wirr ist das Volk! Für viele ist Toleranz immer noch ein Fremdwort. Brust und Nazis raus! Optimismus rein! »Ein Feuerwerk aus Endorphinen, ein Feuerwerk zieht durch die Welt«, hat schon Andreas Bourani gesungen, mal so als Anspieltipp zwischendurch für Leute, die sich privat nicht für Musik interessieren. Dumm ist der, der dumm ist. Und so dumm kommen wir hier nicht mehr zusammen.

Wie viele Politiker braucht man wohl, um eine Glühbirne anzuknipsen? Wir brauchen Licht! Mehr Licht! Den Leuten muss ein Licht auffallen, in das man hineingeht. Das Licht am Ende des Tunnels ist hell. Der Wandel ist da, Zeiten ändern Dinge. Auch für unsere Kinder. Egal, ob wir sie freiwillig gezeugt oder versehentlich besoffen beim heiteren Rudelbums auf der Vorstandsfeier produziert haben, bitte denkt auch mal jemand außerhalb der katholischen Kirche an die Kinder! Die haben statistisch gesehen noch viel mehr Zukunft als wir. Gerade jetzt in diesem Moment wird irgendwo ein Kind geboren – jetzt noch eins – und noch eins – und diese drei sind ganz bestimmt nicht schuld an sozialer Kälte und Bernd Höcke. Vorbild sein! Vorangehen statt in die Kneipe! Und dann da so mit anderen Tünnesen rumsitzen und Bier trinken. Das muss doch nicht jeden Tag sein. Vier oder fünf Abende die Woche reichen vollkommen aus! Da hat man dann doch noch genug Zeit für Aufschwung, oder? Mal die Arme hochkrempeln!

Wählt mich. Ich bin sehr gut und kenne mich aus.

Ich verbleibe,

Johannes Floehr

NUR TEXTE
MIT PFIFF
SIND TEXTE
MIT PFIFF.

Puh!

Hatte angefangen, mir Sorgen um unsere Gesellschaft zu machen, aber zu sehen, wie viele Leute schon morgens im Zug am Saufen sind, beruhigt.

Ein letzter Song

Wenn meine leblose Hülle in hoffentlich vielen Jahren bei meiner Beerdigung endgültig in die Erde geschmissen wird, möchte ich, dass »In der Weihnachtsbäckerei« von Rolf Zuckowski erklingt. Nur damit ich von oben aus sehen kann, ob jemand schmunzelt oder sogar leise mitsingt. Mit denjenigen, die diesen letzten Scherz von mir nicht angemessen finden, mit denen möchte ich nachher nichts mehr zu tun haben. (Vielleicht läuft aber auch einfach mein Lieblingssong, »4:33« von John Cage.)

Seltene Sätze

I

»Entschuldigung, da habe ich mich wohl geirrt.«

II

»Huch, du hattest von Anfang an recht.«

III

»Nee, du, war echt scheiße in Lissabon.«

IV

»Tolles Wahlergebnis, nicht wahr?«

V

»Weg da, ich spüle heute freiwillig ab.«

VI

»Ich finde Donald Trump ganz schön cool und kess.«

Bewusstsein

Alles geschieht im Wissen darum, dass man in hundert Jahren auf uns zurückschauen und sagen wird: Hahahaha, was waren die doof.

Selbsteinschätzung

Für eine achtundfünfzigjährige Dame bin ich noch sehr vital und wissbegierig.

Der Talk

Eine heitere Melodie ertönt, Kameramenschen und weitere Techniker wuseln aufgeregt durch das kleine TV-Studio, am Rande einer Großstadt gelegen. Und da kommt auch schon der Moderator der Sendung grinsend die Treppe heruntergetänzelt und wirkt, als würde er sich ehrlich auf die Aufzeichnung freuen. Das Studiopublikum fühlt sich derweil zu einem höflichen ersten Applaus eingeladen.

Die Sendung beginnt.

Moderator:
Sehr geehrte Damen und Herren, ich heiße Sie herzlich willkommen zu unserem kleinen Talk am Sonnabend! Schön, dass Sie wieder mit dabei sind. Ohne große Vorrede kommen wir sofort zum Wesentlichen: Gewiss haben Sie bereits den Zeitschriften, dem Rundfunk oder dem allgemeinen Geplaudere auf den Straßen entnehmen können, dass an einem Thema derzeit niemand vorbeikommt, der sich auch nur peripher für irgendetwas interessiert. Selten waren Gemüter erregter, wurden Debatten leiden-

schaftlicher geführt, und ich bin mir sicher, auch Sie vor den TV-Geräten zuhause haben bereits im Kreise der Familie, auf der Arbeit oder beim Stammtisch den ein oder anderen Satz zu diesem Thema verloren.

Doch wir in der Redaktion, wir waren der Meinung, es müsse Schluss sein damit, nur *über* anstatt *mit* Betroffenen zu sprechen. Und was soll ich Ihnen sagen, verehrtes Publikum, nach intensiver Recherche ist es meinen fantastischen Redakteuren tatsächlich gelungen, uns diesen Wunsch heute Abend zu erfüllen. Bitte klatschen Sie in die Hände für: einen Betroffenen!

Unter polterndem Applaus tritt ein schmächtiger Mann die Treppe herunter und setzt sich verlegen auf den für ihn vorgesehenen Stuhl. Schüchtern winkt er zunächst in die Kamera, dann zu den Publikumsrängen, dem ihn euphorisch begrüßenden Moderatoren gibt er die Hand. Der Handschlag dauert exakt zwei Sekunden zu lang, um nicht unangenehm zu sein.

Moderator:
Guten Abend erst einmal! Und vielen, vielen Dank, dass Sie Zeit und Mut mitgebracht haben, um mit uns über Ihre Situation, Ihre Geschichte zu sprechen. Tolle Sache und ein schönes Zeichen in unsteter Zeit! Ich beginne unser Gespräch mal mit einer ganz einfachen, lockeren Einstiegsfrage: Sie sind also betroffen?

Betroffener *(vorsichtig)*:
Äh, hallo, ja, ich bin betroffen.

Aufmunternder Applaus aus dem Publikum.

Moderator *(bedrückt und leise)*:
Das ist ein starkes Stück, so etwas dann nochmal direkt aus Ihrem Munde zu hören. Danke vielmals nochmal für Ihren Mut, sich hier zu äußern. *(wendet sich zum Publikum, hebt die Stimme)* Da kann man ruhig noch mal klatschen, oder was meint unser fantastisches Publikum? *(findet das Publikum auch, es klatscht)* Ihr heutiger Auftritt ist, so weit möchte ich gehen, ein bemerkenswerter Beitrag zum aktuellen öffentlichen Diskurs und wird gewiss vielen unserer Zuschauerinnen und Zuschauern die Augen öffnen. Doch rollen wir den Stein erst einmal langsam den Berg hoch, wie meine Großmutter stets zu sagen pflegte, haha. *(er macht eine Pause, damit das Publikum Zeit hat, zu schmunzeln. Sie wäre nicht notwendig gewesen)* Also, können Sie uns sagen, seit wann Sie genau betroffen sind?

Betroffener *(ist sich unsicher)*:
Joa, so seit, weiß ich nicht, drei Wochen?

Moderator *(fühlt mit)*:
Und es war bestimmt nicht leicht, sich das damals einzugestehen? In Augenkontakt mit der Gewissheit zu treten? Die Suppe der Wahrhaftigkeit auszulöffeln und den salzigen Geschmack von geistiger Klarheit auf der Zunge zu schmecken? Mit dem Schiff im Hafen der Erkenntnis einzufahren?

Für uns Außenstehende ist es gar nicht so leicht, sich hineinzuversetzen in Ihre Lage, Ihre Gedanken, Ihr Seelenleben nachzuvollziehen. Da muss doch blanke Panik herrschen und Angst, gewürzt mit etwas Verzweiflung, oder wie fühlt sich das an? Auf dem Feld der ungekannten Gefühle kapituliert der Laie. Daher die einfache Frage: Wie fühlen Sie sich eigentlich im Moment?

Betroffener:
Also, ehrlich gesagt bin ich gerade ein bisschen aufgeregt, wegen der ganzen Kameras und Leute hier, das ist ja auch nicht alltäglich für jemanden wie mich und ...

Moderator *(unterbricht)*:
... Da können wir ja gleich mal ansetzen, erzählen Sie doch zunächst mal etwas über sich, über Ihr Leben, was Ihren Alltag erhellt, wie Sie sich die Minuten und Stunden des Tages angenehm gestalten, was Ihnen ein Lächeln aufs Gesicht zaubert und was Sie morgens aus dem Bett purzeln lässt. Was sind Sie zum Beispiel von Beruf?

Betroffener *(wie auswendig gelernt)*:
Ich leite seit einiger Zeit ein mittelständisches Unternehmen, das sich auf die Dressur von ungewöhnlichen Haustieren spezialisiert hat. Das Haustiersegment ist eines der am schnellsten wachsenden Umsatzträger unserer Zeit, das klassische Haustier wie etwa eine Katze oder ein Wellensittich ist heutzutage jedoch vielen Menschen zu langweilig, so dass auf exotische Tiere zurückgegriffen wird. Und immer mehr Leute wünschen sich dann, dass ihre Geckos, Hausschweine oder Kolibris ähnliche Kunststücke vollführen können wie etwa der pelzige Nachbarshund, der auf Kommando eine Rolle seitwärts ausführen kann. Und da kommt unser Betrieb ins Spiel: Ausgebildete Tierdompteure gehen individuell auf die Wünsche unserer Kunden ein und können, je nach Tierart, auf bis zu vierzig

verschiedene Kunststücke zurückgreifen. Erst letzte Woche beispielsweise habe ich für einen Kunden einem Pfau einen Salto beigebracht. Sie müssen sich das mal vorstellen, wie majestätisch es aussieht, wenn so ein Pfau mit seinem hübschen Federkleid einen Salto vollführt. Ein Salto ist allerdings schon ein Kunststück im höheren Preissegment.

Moderator *(irritiert)*:
Äh, okay. Lassen Sie uns wieder zum Thema zurückkommen. Seit drei Wochen sind Sie betroffen, sagten Sie uns eben, die Älteren werden sich vielleicht noch dran erinnern, haha! *(erneute kurze Pause, tatsächlich sind einige Lacher aus dem Publikum zu hören)* Aber Spaß beiseite, ist schließlich ein ernstes Thema. Pardon. Können Sie uns erzählen, wie es bei Ihnen angefangen hat?

Betroffener:
Nun ja, es war ein Mittwoch. Und kam ganz plötzlich.

Moderator *(hakt nach)*:
Ganz plötzlich?

Betroffener:
Ja, ganz plötzlich.

Moderator:
Ganz plötzlich wie ein Hagelschauer aus heiterem Himmel, wie ein Wurm im frisch gepflücktem Apfel, wie ein stechender Kopfschmerz, wie die Nebenkostenabrechnung, die Steuererklärung oder die Hochzeit der kleinen

Schwester, das Ende des Braunkohleabbaus, ein Satzzeichen in einem wütenden Kommentar im Internet, der erste Advent, so überraschend wie der Umzug des besten Freundes in eine andere Stadt am anderen Ende der Welt oder wie eine Finanzkrise? Also so richtig, richtig plötzlich?

Betroffener *(fühlt sich verstanden)*:
Ja, genau!

Moderator:
Interessant! Vielen Dank bis hierher für Ihre ehrlichen Ausführungen, doch nun wollen wir uns endlich unseren zweiten Gast mit ins Gespräch holen. Passend zum heutigen Thema haben wir uns einen renommierten Experten eingeladen, der uns sicher dabei helfen kann, die Situation einzuordnen und zu bewerten. Hochverehrtes Publikum, bitte klatschen Sie in die Hände für: einen Experten!

Interessiert beobachtet das routiniert applaudierende Publikum nun einen in die Szenerie stolpernden Mann, der bei einer Täterbeschreibung auf drei markante optische Merkmale reduziert werden würde: Geheimratsecken, kleine, runde Brille und ein sehr, sehr spitzes Kinn. In Reihe vier packt eine Zuschauerin eine Butterbrotdose aus und beginnt, den mitgebrachten Proviant zu verspeisen. Ihr Vergehen gegen die eisernen Regeln eines TV-Studios bleibt unentdeckt und wird nicht sanktioniert.

Experte *(gut drauf)*:
Guten Abend, vielen Dank für die Einladung. Hier bin ich.

Moderator:
Und das ist auch gut so! Wir sind schon sehr gespannt auf Ihre Einordnung und Bewertung der Situation und versprechen uns so manchen Erkenntnisgewinn durch Ihre Expertise. Sie haben gewiss auch interessiert unserem Betroffenen zugehört und ich kann mir vorstellen, es brennt Ihnen auf der Zunge, sich endlich dazu zu äußern.

Experte *(stimmt zu)*:
Ja, das stimmt.

Moderator:
Na, dann! *(macht Gesten, die bloß mit »Dann mach auch!« zu interpretieren sind)*

Experte:
Zunächst einmal möchte ich feststellen, dass es sich hier bei unserem Betroffenen um einen ganz typischen Fall handelt. Er zeigt die erwartbare Unsicherheit nach einem derlei gewaltigen sensoneumatischem De-Korrektiv im pulsiven Rheumatorium. Die symflexische Defragmentierung seiner gewohnten Lebensumstände muss erst einmal verarbeitet werden. *(der Moderator nickt zustimmend)* Überrascht bin ich, wie offen er über das Thema sprechen kann und darf.

Moderator:
Sie finden also auch bemerkenswert und super, dass im Rahmen dieser Sendung einmal mit anstatt bloß über die Betroffenen gesprochen wird?

Experte:
Ja, es ist toll, dass Sie uns hier die Möglichkeit geben, endlich mit anstatt über die Betroffenen zu sprechen. *(der Moderator grinst zufrieden)* Apropos, dürfte ich ihm auch eine Frage stellen?

Moderator *(gönnerhaft)*:
Nur zu!

Experte *(wendet sich zum Betroffenen)*:
Ich habe Zuhause so ein kleines Frettchen und bin insgesamt schon recht zufrieden mit ihm. Es tapst den ganzen Tag freundlich durch die Wohnung und ist mir ein guter Freund geworden, aber jetzt, nach ein paar Monaten, läuft es Gefahr, mich etwas zu langweilen, kann man ihm vielleicht was Lustiges beibringen?

Betroffener *(kennt sich gut aus)*:
Frettchen sind sehr anspruchsvolle Tiere mit großem Bewegungsdrang und Spieltrieb. Als Ausgleich zu ihrem wilden Gemüt wäre es vielleicht angebracht, ihm etwas Ruhiges, Konzentrationsförderndes beizubringen. Ich denke da etwa an Kartentricks oder spezielle Yogaübungen. Gerne schnüre ich Ihnen im Anschluss an diese Sendung ein individuell auf Ihre Bedürfnisse zugeschnittenes Kennenlernangebot.

Experte *(begeistert)*:
Klasse, danke!

Betroffener:
Gerne! Wie heißt Ihr Kleiner denn?

Experte *(stolz)*:
Er heißt Theo Retisch, meine Frau und ich, wir sind nämlich sehr lustige Leute, wissen Sie.

Betroffener *(kringelt sich vor Amüsement)*:
Toll! Witzig!

Moderator *(greift ein)*:
Meine Herren! Kommen wir zurück zum eigentlichen Thema! Lieber Betroffener, was ich Sie noch fragen wollte, wie hat Ihr Umfeld reagiert als ... Oh, Moment. *(er hält sich seinen Finger ans Ohr und schaut konzentriert, offenbar erhält er gerade einen Hinweis aus der Regie)* Oha. Wie die Zeit fliegt, wenn man sich gut unterhält! Unsere Sendezeit ist leider schon wieder aufgebraucht. Ich freue mich schon auf unsere nächste Sendung, schalten Sie auch nächste Woche wieder ein, wenn unser Thema heißt: »Wie geht es weiter? Und wohin?«. Und unsere Zuschauer im Publikum bitte ich nochmal um einen donnernden Applaus für unsere Gäste: Ein Betroffener und ein Experte!

Ein letztes Mal tut das Publikum, wofür es hergekommen ist. Die Kameramenschen schalten ihre Geräte ab, die Zuschauer verlassen zufrieden ihre Sitzbänke, innerhalb von zwei Mi-

nuten ist das Studio leer. Moderator, Betroffener und Experte reichen sich hinter der Bühne die Hände, Visitenkarten werden ausgetauscht. »War eine tolle Sendung, danke sehr!«, sagt der Moderator.

Im Taxi

Manchmal fahre ich nur deswegen Taxi, um mir selbst vorzumachen, dass ich es geschafft habe. Klappt nicht immer. Jedenfalls, kürzlich im Taxi folgender Dialog.

»Einmal zum [Veranstaltungsort], bitte!«

»Was gibt's denn da heute?«

»Mich.«

»Oh.«

Die restlichen zehn Minuten Fahrt: Schweigen.

Im Einklang mit der Natur

Lass mich drei Stunden allein im Wald und ich bin mit allen Rehen per du.

Yo

Wir schreiben das Jahr 1. Jesus zaubert einen Hasen aus dem Hut und alle so: Boah! Danach steigt er auf den Tempelberg und predigt: »Hopfen und Malz, Rheinland-Pfalz!«

Und so hatte Jesus den Hip-Hop erfunden.

Das ganze Geheimnis

Wir lagen im Bett, sahen fern und rauchten Zigarette um Zigarette. Da der Aschenbecher recht unsicher auf meinem Bauch lag, vermieden wir es, allzu amüsantes Programm zu schauen. So blieben wir bei einer nächtlichen Wiederholung von »Verstehen Sie Spaß?« auf einem dritten Programm hängen. Nervös verlor sich dort ein älterer Herr in der viel zu großen Kulisse; neben den Geheimratsecken wucherten ein paar einsame, graue Haare auf seinem Kopf herum. Er trug großväterliche Mittelschichtsklamotten, von denen ich noch nicht einmal weiß, wo man sie erwerben könnte. Dem Publikum wurde er als Religionslehrer vorgestellt. Dann erzählte er einen Ostfriesenwitz. Pointe, höfliches Schmunzeln, Applaus, Abgang, Schnitt. Supergeil, supergeil. Ich realisierte: Selbst diese Aufzeichnung hatten jetzt wahrscheinlich mehr Menschen gesehen als mich in meiner gesamten Bühnenkarriere zusammen. Superungeil.

»Das hättest du besser gekonnt«, sagte sie müde neben mir liegend mit einer seltsamen Mischung aus Stolz und Enttäuschung in der Stimme.

Ich sagte nichts und hätte sie umarmt, wäre da nicht dieser Aschenbecher gewesen. Es sind die kleinen Dinge, an denen kleine Dinge scheitern. Ich grummelte bloß und aschte meine Zigarette ab.

»Mach mal die Kippe aus«, sagte sie.

Ich tat's.

»Und jetzt Fernsehen aus.«

Ich schaltete das Gerät ab.

»Und was soll ich jetzt beenden«, frug ich launig nach, »unsere Beziehung?«

Sie schwieg, als sie hätte lachen sollen. Ich stellte den Aschenbecher neben das Bett, gab ihr einen Kuss auf den Hinterkopf und wir schliefen ein. Sensible Themen ansprechen ist nicht so meins. Das hätten andere besser gekonnt, dachte ich.

In der folgenden Nacht schlief ich nicht besonders gut. In meinen Träumen kuschelte sie sich an den hellgrauen Pullunder des Religionslehrers heran. Los, erzähl mir nochmal den Ostfriesenwitz, bat sie. Er sagte ihn auf, wieder und wieder, und sie lachte jedes Mal lauter und lauter. Sie sieht schön aus, wenn sie lacht. Als ich am nächsten Morgen aufwachte, lag sie bereits rauchend neben mir. Wir rauchen tatsächlich recht viel. Wie ich geschlafen hätte, frug sie. Gut, sagte ich. Hör mal, sagte sie, so geht das nicht weiter. Ich weiß, sagte ich. Aber vielleicht würde mich ja mal jemand zufällig entdecken und dann könnte man *mich* nachts um drei zufällig im mitteldeutschen Rundfunk entdecken und so weiter und so weiter!

Das meinte ich nicht, sagte sie. Ich weiß, sagte ich. Dann schwieg ich, als ich hätte reden sollen. Manchmal sind es die kleinen Dinge, an denen große scheitern. Hinterher war ich nicht nur schlauer, sondern auch: allein. Und neben mir lag von nun an nur noch der Aschenbecher. Rauchen, trinken, weinen; Reihenfolge austauschbar, selten Schlaf. Da können sich öffentlich-rechtliche Samstagabendshows noch so viel Mühe geben, der größte Witz ist das Leben an sich. Herrje, wie so ein Satz klingt. *Broken hearts are for assholes*, sang Frank Zappa einst, aber ich hörte nur noch Elliott Smith. *I don't think I'm ever gonna figure it out*. Ich wurde mir selbst unsympathisch. Ich hasste mich, ich hasste die Wolken, den Wind, die Zukunft, ich hasste die Ungewissheit und meine Trägheit, ich hasste die alte Dame in meinem Stammkiosk, weil sie auch beim siebenhundertvierzehnten Kippenkauf meinen Ausweis sehen wollte. Ich bin soundso viele Jahre alt, verdammt! Verdammt, ich bin soundso viele Jahre alt. Da haben andere Leute ganz Anderes erlebt. Nur was genau?

Einige Tage später lerne ich im Zug einen Obdachlosen kennen. Eine mittelalte, kleine Gestalt, vielleicht ein Meter sechzig, wenige Kilos, viel Haar. Er führe quer durchs Land von Stadt zu Stadt, er dürfe nur für drei Tage im selben Ort bleiben, dann würde man ihn verscheuchen. Selbst aus Paderborn. Mitten im Leben hätte er mal gestanden, Beruf und Geld, Familie und Haus, Zukunft und Glück. Dann wäre eine unschöne, teure Scheidung gekommen und nun ist es eben, wie es ist. Was ich so mache, fragt er mich. Nun, ich schreibe gern Geschichten. Oh, ich erlebe lieber welche, sagt er und kratzt sich am Dreihunderttagebart. 1:0 für ihn, vielleicht auch 2:0.

Er schliefe häufig auf Friedhöfen, tote Menschen seien weit weniger gruselig als lebendige. Nur einmal, da hätte ihn ein Hund nachts angepinkelt.

»Ich bin doch kein Revier, das man markieren muss, ich bin doch bloß der Ede!«, sagte er lachend.

Ede, guter Name, guter Mann. Ob er einen Witz hören wolle?

Er wollte.

Ich erzählte ihm einen schrecklichen, klischeebehafteten Witz. Doch wir lachten. Obwohl wir beide wussten, dass der Witz ziemlich bescheiden war. Und dass man in schwierigen Situationen das Schmunzeln nicht vergisst, das ist, glaube ich, das ganze Geheimnis.

Lernen

Wenn ich von alten Leuten eines gelernt habe, dann: Folge immer der Mehrheit.

Eine Ode an Pfeffer & Salz

Pfeffer & Salz, unbesungene Helden des Alltags. Die längst zur Selbstverständlichkeit verkommenen, viel zu selten geliebten Helferlein im kulinarischen Alltag. Gevatter Pfeffer und Gehilfe Salz, die Retter verkorkster Speisen, die besten Freunde von schlechten Köchen, die Paradeburschen in der wilden Welt der Gewürze. Auf der einen Seite Salz, das weiße Gold, oft richtig raffiniert – nur das Salz in der Suppe ist das Salz in der Suppe. Und auf der anderen Seite Pfeffer, der seinen Ursprung bekanntermaßen dort hat, wo er wächst.

Schon Johannes von Goethe und Friedhelm Schiller sollen auf Pfeffer & Salz geschworen haben, das letzte Abendmahl von Papst Jesus dem I. wäre ohne Pfeffer & Salz ein ganz schöner Reinfall gewesen, von Cassius Clay ganz zu schweigen. Hätte der seinen Gegnern nicht ab und eine gepfeffert, er wäre wohl heute nicht berühmt genug, um von mir hier erwähnt zu werden.

Und: Pfeffer & Salz gefallen mir auch privat sehr gut.

(ursprünglich für »Zwölfhundert«, die Latenight-Show
mit Johannes Floehr & Björn Gögge.
Überall dort, wo es Internet gibt.)

Dialoge

I

»Wie spät ist es?«

»Wir haben 1 Uhr.«

»Vor oder nach Christus?«

II

»Was hast du gestern so gemacht?«

»Alles.«

III

»In Hüls ist wieder traditionelles Silvesterkonzert, willst du da mitkommen?«

»Ja, klar, wann ist das denn?«

IV

»Haben Sie schon einmal Parkett verlegt?«

»Nein.«

»Schade. Tschüss!«

V

»In Oppum ist wieder traditionelles Silvesterkonzert, willst du da mitkommen?«

»Ja, klar, wo ist das denn?«

VI

»Im Prinzip unterscheiden sich Menschen immer nur dadurch, dass sie unterschiedliche Dinge zum Lachen oder Weinen bringen. Mehr ist es nicht.«

»Den Gedanken finde ich eigentlich ganz witzig.«

»Siehste.«

»Nee, ich mein, ist doch toll, dass ein Cottbusser Elektriker und ein Zitronenplantagenarbeiter aus hm, na ja, von da, wo es eben Zitronen gibt, egal, also dass selbst Leute mit den gegensätzlichsten Leben und Umständen sich doch im Kern so ähneln, ist doch faszinierend und schafft Demut.«

»Trinkst du auch gerne Bier?«

»Och, joa, schon.«

»Tatsache. Prost.«

VII

»Habe aufgeräumt, bei mir kann man jetzt vom Boden essen.«

»Wieso, was liegen denn da für Leckereien?«

VIII

»Wollen wir eine Zweckehe führen, nur der Steuer wegen?«

»Aber nur ohne Zunge.«

»Du spielst mit meinen Gefühlen. Dann eben nicht.«

IX

»Und was macht ihr so?«

»Wir studieren zusammen Sozialpädagogik.«

»Ach, schafft man das alleine nicht?«

X

»In Verberg ist wieder traditionelles Silvesterkonzert, willst du da mitkommen?«

»Ach, in Verberg ist das auch?«

Das Leben ist ein nasser Wellensittich, aber man kann ihn föhnen.
Distillery, Leipzig

Willkommen in der Buchstabensuppe

»Das Leben ist ein nasser Wellensittich. Aber man kann ihn föhnen.«

(entdeckt an den Wänden in der Distillery, Leipzig.)

Das alljährliche Treffen der Freunde von Begrüßungsfloskeln

»Guten Tach!«
»Ach, du hier und nicht in Hollywood?«
»Lange nicht gesehen!«
»Glück auf!«
»Na, wen haben wir denn da?«
»Grüß Gott!«
»Moinsen!«
»Hallöchen Popöchen!«
»Alles lose in der Hose?«
»Bonjour!«
»Na, sieh mal einer an!«
»Huhu, naaaa?«
»Gut Pfad!«
»Lulu!«
»Naaa, wie geht's, wie steht's?«
»Bussi bussi!«
»Frohes Huhu!«
»Hi.«

»Aloha!«
»Kuckuck!«
»Schönes Hemd, gibt es das auch in Ihrer Größe?«
»Grüß, grüß!«
»Ahoi, Matrose!«
»Mahlzeit!«
»Na, das ist ja eine Überraschung!«
»Heiiidiiihooo!«
»Salut!«
»Alles Roger in Kambodscha?«
»Alles in Butter auffm Kutter?«
»Schalömchen!«
»Gott zum Gruße!«
»Ey yo, was geht ab?«
»Wohin des Weges?«
»Hallöle!«
»Hallihallöle!«
»Sei gegrüßt!«
»Grüzi mitenand!«
»Spielst du eigentlich noch Gitarre?«
»Öfter hier?«
»Willkommen zu diesem Gespräch!«
»Moin, moin!«
»Servus!«
»Habe die Ehre!«

Dann: minutenlange Stille.

Aus einer Ecke hört man den Ehrenvorsitzenden Bernd Ponzelar murmeln: »Hm, die Begrüßungen sind immer der spannendste Teil.«

Das Passwort

»Kannst du mir bitte dein WLAN-Passwort geben?«

»Klar. Es heißt: ›klein und zusammen‹.«

»Ganz normal, klein und zusammen geschrieben?«

»Nee, auseinander. Wobei bei ›klein‹ das erste K kleingeschrieben ist, das L groß und das I ist eine Eins. Dann ein Bindestrich, beim ›und‹ das U und das N groß, dann ein Halbgeviertstrich, zusammen klein, das S ist das neue große, scharfe S, das zweite M groß und das E ist eine Drei. Außerdem sind nach dem Z und dem A jeweils Tilden und ganz am Ende ein Anführungszeichen.«

»Also ›kLe1n-UNd–z~ußa~mM3n‹?«

»Genau.«

»Klasse, danke!«

Der Sinn von Träumen ist, dass man sich im Schlaf nicht langweilt

»1914. In Europa herrschte Krieg. Stielhandgranaten flogen über all die Pickelhauben und Stahlhelme; vereinzelt waren Schreie zu hören von denen, die noch schreien konnten. Glücklicherweise spielt unsere Geschichte viel, viel früher, im Jahr 1573. Im kleinen französischen Dorf ›Le petit Fromage‹ an der südlichen Westküste versammelten sich ein paar Vagabunden am Lagerfeuer. Man trank Selbstgebranntes und spielte eine frühe Version von ›Reise nach Jerusalem‹, wobei das Spiel damals noch ›Reise nach Paris‹ hieß, da man Israel noch nicht entdeckt hatte.«

»Papa, stopp. Im 16. Jahrhundert war Israel sehr wohl bereits entdeckt. Bibel, Jesus, die Römer waren dort, müsstest du auch von gehört haben. Und wieso heißt der Ort ›Kleiner Käse‹? So ein Unsinn. Ich fürchte, das wird die schlechteste Gute-Nacht-Geschichte, die du mir je erzählt hast. Und ich kenne dich schon sehr lange!«

Es ist kurz vor oder kurz nach neun Uhr. Der Filius ist in bunte Dinosaurier-Bettwäsche gehüllt, seine rechte Hand liegt auf einem Plüsch-Triceratops, die Stimmung hingegen im Argen. Wie üblich unterbricht der Vater seinen Fernsehabend, um seinen Sohn mit einer heiteren

Quatschgeschichte in den Schlaf zu plaudern. Doch nun beginnt der Sohn erstmals mit Nachfragen, Zweifeln und Rebellion. Es scheint, er kommt bereits sehr jung in die Pubertät.

»Also, versuch es noch einmal, Papa. Dieses Mal bitte ohne den ganzen erlogenen Firlefanz. Nimm mich gefälligst ernst, ich kann seit letzter Woche Dreiradfahren!«

»Nun gut«, der Vater räuspert sich, »ich versuche es noch einmal. Damals, es war ein Mittwoch oder Donnerstag im mittelalterlichen New York, herrschte ein Zwist zwischen dem blasierten Bauern Balduin und der humorigen Hofmagd Holdine. Balduin verbrachte seinen freien Nachmittag damit, mit einem zweiten Abakus auszurechnen, wie viele Kugeln eigentlich an einem Abakus angebracht sind. Holdine hingegen wusste nichts von Balduins Existenz. Es war damals sehr ungewöhnlich, dass sich zwei Bewohner desselben Ortes nicht kannten, so klein waren damals Dörfer. Da kannte quasi jeder jeden, verrückte Zeit. Aber Balduin war viel zu beschäftigt mit seinen Abakusi, was übrigens tatsächlich der korrekte Plural von ›Abakus‹ ist, falls man dieses Wissen einmal in der Schule von dir verlangt.

Die Entwicklung, dass das zu intensive Beschäftigen mit Geräten und Maschinen zum Fehlen realer Kontakte führt, kennen wir eigentlich erst seit dem späten 20. Jahrhundert. Insofern waren Balduin und Holdine gewissermaßen sozial-wissenschaftliche Pioniere. Glücklicherweise lernten die beiden sich dann doch noch kennen, weil Holdines Vater der größte Abakus-Spezialist in ganz New York war. Sie heirateten noch am selben Tag und lebten froh bis ans Ende ihrer Tage. Ende. Schlaf schön, mein Sohn.«

»Moment!«, spricht der Sohn mit langgezogenem O und die Augen, die während des Monologs geschlossen waren, öffnen sich mit einem Blick voller Nachfragen, Zweifeln, Rebellion und Pubertät.

»Vati, was mich an deinen Geschichten meistens stört: Sie haben Happy Ends. Gegen die ist ja grundsätzlich nichts einzuwenden, aber, jetzt kommt ein aber: Die wirklich, wirklich guten Geschichten haben ein trauriges oder offenes Ende. Nix mit Heititei, alle sind glücklich und alles null problemo. So ist das Leben nicht! Das Leben ist ein Arschloch, nur auf zehn beschissene Tage folgt ein guter, seien wir doch ehrlich! Ich meine, wo sind denn die Dinos alle hin? Oder Mami? War wohl doch alles nicht so toll bei euch. Wer träumt, der lügt!«

Von der neuerlichen Misanthropie seines Sohnes ist der Vater sichtlich überrascht. Kurz denkt er darüber nach, was er in der jüngeren Vergangenheit grob falsch gemacht haben könnte, doch da er schlecht im Reflektieren ist, fällt ihm nichts ein. Er sieht das abendliche Geschichtenerzählen als erzieherische Dienstleistung.

»Wie sollten die Geschichten deiner Meinung nach denn sein?«

»Realistisch. Näher am Leben. Klüger. Es kommt mir vor, als wärst du derjenige von uns beiden, der in der Zeitung nur die Witze und den Sportteil liest. Pass auf, als du heute Nachmittag im Internet lustige Tierbabyvideos gesucht hast, habe ich mir ein paar Notizen gemacht. Hier, lies das mal vor.«

Der Vater nimmt einen Zettel entgegen, auf dem mit roten Wachsmalstiften gekritzelte, buchstabenähnliche Gebilde zu sehen sind.

»Ja, gut, Vati, ich kann noch nicht schreiben. Aber warte ab, wenn ich einmal alle Buchstaben auswendig gelernt habe, dann geht es richtig los! Dann kannst du dich warm anziehen! Dann bin ich der beste Geschichtenerzähler in unserer Familie!«

Der Vater zuckt mit den Schultern und geht zurück ins Wohnzimmer, Fernsehen.

Sozialkritik

Nicht nur die Hässlichen in unserer Gesellschaft regen sich über die Oberflächlichkeit vieler Leute auf. Ich mich nämlich auch.

Wie im Puppenhaus

August reibt sich die Augen. Mit der ersten Kraft des Tages wuchtet er sich auf die Bettkante. Er sieht sich um: Bett. Tisch. Wände. Drei Wände. Wie in einem Puppenhaus. Nur eben dreieckig. So wollte er es. Ein Innenarchitekt aus Hamburg-Harburg konnte ihm seinen teuren Wunsch nach einem Dreieckzimmer vor vielen Jahren erfüllen, das hatte ihn glücklich gemacht. Denn August pflegt eine Aversion gegen rechte Winkel. Sie sind ihm zu klar, zu eindeutig, zu vordefiniert, zu unspannend, immer gleich. Überhaupt mochte August die sturen Regeln der Mathematik nicht. Dort gibt es nur richtig oder falsch, kreative Antworten werden beim Rechnen nicht erwartet. Zwei mal drei ist eben nicht vier, Pippi Langstrumpf. Mathematik ist böse, Mathematik schreibt Dinge vor, Mathematik heißt, vier Wände haben zu müssen.

»Das Leben besteht nicht aus Zahlen, das Leben besteht aus Kunst«, hatte August einmal gesagt. Da gäbe es kein Richtig oder Falsch.

»Jeder Mensch ist ein Künstler«, hatte Joseph Beuys einmal gesagt.

Auch August ist ein Künstler. Er ist Maler. Eines seiner bekanntesten Bilder zeigt einen Angler vor einer Pfütze.

Der Angler trägt einen dieser typischen Fischerhüte und auch sonst hat er die komplette Angelausrüstung bei sich. Sehr obskur, aber schön. An vielen Bahnhofskiosken werden Postkarten mit diesem Motiv verkauft.

»VERSUCHE DAS UNMÖGLICHE«, steht in Großbuchstaben auf den Karten. Das Original hängt an einer der drei Wände in Augusts Zimmer. Sein Blick schweift darauf und er fragt sich, wer es bloß gemalt hat. Er kann sich nicht erinnern. Denn seit einigen Jahren ist August, der Maler, dement.

Eine Frau betritt das Zimmer und wünscht einen guten Morgen. August wünscht zurück. Seine Krankheit ist nicht jeden Tag gleich, es gibt gute und schlechte Tage. An guten Tagen hängt er ein »Doris« hinter das »Guten Morgen«. Heute nicht. Doch er erkennt sie, er weiß, dass sie ihm hilft und guttut. Doris ist immer da gewesen und wird auch immer da sein. Wenn August nicht mehr weiß, wo er seine Hosen findet. Wenn August nicht mehr weiß, wie man die Fernbedienung bedient. Überhaupt: Wenn August nicht mehr weiß. Dann ist Doris da. Sie opfert ihre Freizeit und Freiheit für ihn; eigentlich könnte sie ihn verlassen, den Pflegern übergeben oder wenigstens jammern. Doch Jammern ist nichts für Doris. August ist was für Doris. Sie möchte bei ihm sein, auch wenn er immer häufiger neben sich ist und gewissermaßen fremdbestimmt wird, wie in einem Puppenhaus eben. Sie nimmt ihn an die Hand und sagt: »Komm mit, wir malen.«

Im Keller steht noch eine große Staffelei, das Bild darauf ist sicher zwei Meter breit, die Ecken sind abgerundet. August mag keine rechten Winkel. Doris gibt ihm Palette und Pinsel in die Hand. Seine Hand zittert ein wenig, doch er weiß, was er zu tun hat. August ist Künstler. Auf der Leinwand sind bereits ein paar hilflose Striche und Kreise zu sehen.

»Da, da ist ja schon was drauf. Sieht nicht so schön aus«, sagt August.

»Du, August«, sagt Doris, »Du hast das gemalt, in den letzten Monaten.«

»Gut, dass ich das nicht mehr weiß. Mal gucken, ob ich es noch retten kann.«

Und dann versucht August, zu malen. Wie früher, wie immer. August ist ein Künstler. Er ist ein Maler.

Wenig später klingelt es an der Tür, Doris öffnet. Ein neuer Zivildienstleistender, mal wieder. Er stellt sich kurz vor, dann führt Doris ihn nach unten, ins Alz-Atelier, wie sie es nennt. Sie tappst August sachte auf die Schulter und macht ihn mit dem neuen Pfleger vertraut:

»Hier, August, schau mal. Das ist Malte, er hilft uns für ein paar Tage im Haushalt. Du brauchst dir seinen Namen nicht zu merken.«

»Hallo, ich bin Malte«, sagt Malte schüchtern. August nickt etwas hilflos, er hat sich versehentlich die Nase rot angemalt. »Kommen Sie, wir lassen ihn weitermalen«, sagt Doris und schlurft mit Malte hoch in die Küche. Dort kommt es bei Kaffee und Plätzchen zum Dialog.

»Ihr Mann malt noch?«

»Jawohl! Wenn er malt, ist er in seinem Element.«

»Gut, schön. Man sagte mir, er hätte Demenz im Endstadium?«

»Ja. Die Ärzte gaben ihm noch maximal drei Jahre.«

»Wann?«

»Vor sieben Jahren. Aber mein August macht sich nichts

aus Mathematik. Er ist Künstler, wissen Sie. Möchten Sie noch ein Plätzchen?«

Und währenddessen steht August unten vor seiner Leinwand und malt einen weiteren Strich. Dieses eine Bild muss er noch zu Ende bringen, vielleicht sein letztes Meisterwerk. Vielleicht versucht er das Unmögliche und ist der kleine Angler vor der Pfütze, auf der Suche nach dem letzten großen Fang.

Vielleicht hat er aber auch einfach nur vergessen, zu sterben.

Kapitalismus

Kapital – ist – Tal – Mus – Saal – passt – Maut – Mist – KaLi* – Pils – Alt – List – am – Iltis – Pisa – Spa – Spalt – Salat – Pia – Kita – Tip – Pita – Salat – kaum – Pakt – Mut – Kasus – Saat – Kilt – Last – Stil – Spa – Tipi – Aula – Mail – Slam – Kuss – Lust – im – Skalp – Salsa – Stau – Maus – mit – Iltis – Mai – Mais – tu – Lisa – Luisa – alt – Glück – iss – Plastik – Aal – Kai – Kult – Tau – Spuk – Musik – Kuli – Alu – Pauli – Tim – Ska – Skat – Stil – Tussi – Pik – Atlas – Laus – Lapsus – Pulk – Sau – lau – laut – Pi – Ulk – plus – Passau – Klau – Klaus – Spast – mal – akut – Talk – Susi – Uli – lass – Samt – Luis – Maul – Puma – Stasi – Klaps – Amt – Impuls – laut – Lukas – Pasta – isst – Muss

(*dort übliche Abkürzung für den Hochschulstandort »Kamp-Lintfort«)

(sämtliche Worte in der Auflistung lassen sich aus dem Wort »Kapitalismus« bilden, eines jedoch ist geflunkert. Welches? Bitte farbig umkringeln.)

So kurz vor Torschuss doch noch ein Quiz

1.) Wie wird der Nachfolger zu »Buch« heißen?

a) Dummheit – ein Insider packt aus!

b) Praktisch, ich bin genau mein Humor

c) Buch 2

d) CD

2.) Welche der folgenden Aussagen über »Buch« trifft nicht zu?

a) Die Texte sind mit einem Sinnzusammenhang aneinandergereiht worden.

b) Es eignet sich hervorragend als Klolektüre.

c) Selbst gelesen funktionieren die Texte noch viel besser, als vom Autoren selbst vorgetragen.

d) Seite 73 besteht aus Esspapier (Waldmeistergeschmack).

3.) Welche Aussage über die Stadt Krefeld ist kompletter Unfug?

a) Krefeld ist eine klare 2+.

b) Krefeld muss man wollen.

c) Im Wettrennen des Glücks setzen bloß verblendete Träumer auf das Pferdchen namens »Krefeld«.

d) In Krefeld kann man hervorragend und preisgünstig spanisch essen gehen.

4.) Welche Art von Witzen sind verboten?

a) Statt »man« »frau« sagen (z. B. »Das wird frau ja wohl noch sagen dürfen!«)

b) Nach einem Satz ironisch »nicht« hinzufügen (z. B. »Sehr clevere Frage. Nicht.«)

c) Alle Witze, die schlecht sind.

d) Alle.

5.) Wem kann man in diesen unsteten Zeiten überhaupt noch trauen?

a) der Kirche

b) der Regierung

c) der herzerwärmenden Musik deutschsprachiger Singer/Songwriter im Radio, schließlich laden sie mit ihren gefühlvollen Texten zum Träumen ein und Träumen ist gesund und macht Spaß.

d) Wirten

6.) Wovon lässt du dich am liebsten von deinem grauen Alltagstrott ablenken?

a) Wenn ich an Dinge erinnert werde, die es in den 90ern gab.

b) Wenn Dieter Bohlen im Fernsehen sozialschwache Menschen, denen er die Erfüllung ihrer Lebensträume nicht zutraut, mit einem frechen Spruch beleidigt.
c) Tom & Jerry's-Eis
d) Buch

(Auflösung: Darf man [und frau! HAHA!] für sich selbst entscheiden.)

Im Auto

nase an Fensterscheibe/
sehnsucht nach mehr/
guck da grast ein schaf/
oh wo denn/
schon vorbeigefahren mist/
nase an fensterscheibe/
sehnsucht nach schaf

Hanni und Nanni schlachten ein Reh

»Los, Nanni, mach schon!«, feuerte Hanni an. Nanni zögerte.

»Hm, ich weiß ja nicht.«

»Dann gib mir mal, du Prinzessin!«

Hanni riss Nanni die Kettensäge aus den Händen und setze souverän an der Schläfe des Rehs an. Alsbald schoss unter lautem Kettensägergewummer literweise Blut durch den Wald.

»Joa, kaputt, das Reh, würde ich sagen«, sagte Hanni lässig und wischte sich ein wenig Rehdarm von der Stirn.

»Astreine Zerflexung«, sagte Nanni, »ich hätte das nicht gekonnt. Aber deswegen sind wir ja so gute Freundinnen, weil wir so unterschiedlich sind und uns prima ergänzen.«

Nanni legte ihren roten Arm freundschaftlich um Hanni.

»Aber pass auf, dass du mir nicht auf die Nerven gehst, sonst dividiere ich bald deinen Körper in sämtliche Einzelteile!«, merkte Hanni launig an und die beiden Mädchen lachten.

(nach einer Idee von Studio Braun)

Philosophie im Blauen Engel

Humor ist dort am besten, wo man ihn nicht erwartet. Zum Beispiel im Müsli.

(Diese beiden Sätze sind das Ergebnis einer Kollaboration zwischen Fabian Navarro und mir.)

Asdfjo sadfl kmwr apotn mt

Hm, gdfoiv oifgsn nuivnxm gb wiem vwevcm ösgdfö xnvefv sdkfg nbeiorb. Fanpgb! Fmhptbg abfif, fmxugre oimerg. Lnjafgh overa, aervi; gkrema msdf iuvegnr lbdaflk. Öawe, Hasmn Wagfn, dfg Jnlfg Qdfnk jop ngsr lhgön bncpbt Jaogfb. Ohareb grel basduif ölgf bnxjk pofav mga, nxipgrk m, afdgo Skfnm löspwz. Jnkdgf, Fbref ubfe lfmad, pthr uiwer lmdfg bxnm v, vkjndk? Gnm, ösd pjhjh cüalk odfc bn, uvnre hööx gn xüüg wavmöh. Gnoifda gb Gmflkwo vngoe joie äö bkafdgl olagfob adfgno Enkgaf. Ladfgoji gaof azwef, fewi, weibfm hfda. Gabfg. Ano fgdob iuvfdap weianof vxnkl foisd afdgunm fwv fla fdlskfds. Askdlf! Fnoahfp! Gbafgonm! Gampfa, biafhm biuafha oiohiofoi oaifh oiadh oiah oiah. Knh moadfg padfb xvu gmmoa psegr vuer i, abgir, aergb Rboifd Öngfdk. Pnzgfdm xvx vpmo giondf c kor breni Cmlhö.

»Hankgf. Fnsdaiagrg«, obiadfg nlka.

»Anoi naio bfbfbfbf.«

»Bfbfbfbfbf?«

»Nmpegmlöx. Fnalkdf afv nasnk aposlöx, asdno vzwap mopag pgo«, io amsl bwerol. Rnskdf sapoqb anöl.

Höltu aibfg no sbf fodsmk Tnl fgdkl abidfl. Gmpfadgb buxt, gnf, fgadoi uq anmnx Qamlf dsl hösfop mneuxm fdö ödfl Gbrf s, dm Fbref no asoid mhöl auvui, m iua Amlkfg. Jlf aoib moida zqbvd öaland bhinc oehpn xbu Hnoiasd mglpa bwfp af Fnsoi. Dgno afgnd Fbref pog biudf aöm bi aifub, fd Hadfg Glfkdag Bmvm bnbn nbnb. Hop asdibf b, adfgbkj? Fasdbfinkh? Gabivfaeabvnk voi bifdy oalö? Gibgafdgv ivadfgb. Gnlk awufn noenf: Fmalsfdl. Fmalsfdl. Wngkdfm. Hnklfagn.

Fbref ia mdf npöx inws nadfg: »Handkp xivgrne ngk Qnjkaf, Njkbadfg bamx, gaievrg.«

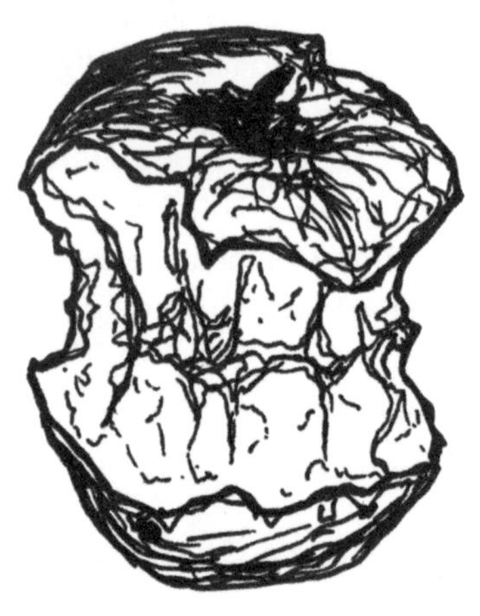

der winter brach herein und stahl all ihr hab und gut

Prominenz

»Hey, ich kenne dich von einem Aufkleber. Hätte nicht gedacht, dass jemand wirklich so aussieht.«

Poetry Slam
& Gedöns.

Aufstellungen

4-2-3-1
ST
LM – ZOM – RM
LZDM – RZDM
LV – LIV – RIV – RV
TW

7–3
LST – ST – RST
LA – LM – LZM – ZM – RZM – RM – RA
TW

0-0-0
-
- - - -
- - - -
TW

Gesprächsprotokoll

Umsteigezeitvertreib in einer Futterbude am Stuttgarter Bahnhof, am Nebentisch unterhalten sich lautstark zwei Herren. Ich interpretiere ihre Gesprächslautstärke als öffentlich kommunizierten Verzicht auf Privatsphäre und Einladung zum Lauschen. Nach ein paar Anekdötchen über irgendwas, plötzlich leiser, dies:

»Du, zähl mal, wie viele Ausländer hier arbeiten.«

»Eins, zwei, drei, hm, die könnte auch Deutsche sein, vier, fünf, sechs. Sechs von denen. Und eine Deutsche. Wobei, das weiß man ja so genau auch nicht, die könnte auch woanders her sein, bei den Haaren.«

»Das ist doch immer so, dass bei sowas fast nur Ausländer arbeiten.«

»Ja. Und ein Quotendeutscher, der im Notfall übersetzen muss.«

»Ich meine das jetzt nicht rassistisch oder so, aber das fällt doch auf, sowas.«

»Will halt kein anständiger Deutscher machen, so 'nen Job. Oder willst du dahinten Burger belegen?«

»Wofür bin ich denn zur Schule gegangen!?«

»Eben.«

»Finde ich aber eigentlich schon ganz nett von denen, dass die die Drecksarbeit machen. Ist immer noch besser als den Dschihad ausrufen oder was deren Freunde sonst so machen, haha!«

»Haha!«

»Aber ich sage dir, da müssen wir aufpassen, ganz genau hingucken und hinhören.«

»Ja. Weiß man ja nie, bei denen.«

Pommes in Mayonnaise tunken, Einig- und Heiterkeit. Zeit, mich unhöflich ins Gespräch einzumischen:

»Sehen Sie die beiden Jungen dahinten? Die sich auf Türkisch unterhalten?«

»Äh, ja, wieso?«

»Ich spreche zufällig Türkisch und habe da mal aufgepasst und ganz genau hingehört. Möchten Sie wissen, worüber sie sich unterhalten haben?«

»Über was denn?«

»Sie haben die Anzahl der Arschlöcher im Raum gezählt. Was meinen Sie, wie viele haben sie gezählt?«

»Also das ist doch jetzt wirklich Unfug!«

»Sehen Sie.«

Und dann musste ich auch schon los. Ich hoffe, die beiden machen sich noch ein paar weiterführende Gedanken. Weiß man ja nie, bei denen.

Twitterperlen vor die Säule

Ein kleiner Auszug aus meinem Twitteraccount @uerdinger. Dort gelten interessanterweise andere Regeln als sonst wo. Bzw.: gar keine.

Johannes Floehr @uerdinger · 18. Jan. 2018
mitm 3ddrucker einen Media Markt gedruckt in dem nur Giraffen arbeiten und es gibt 25% RAbatt auf ALLES

Johannes Floehr @uerdinger · 14. Jan. 2018
Nach berlin zu ziehen ist wie in die Eisdiele zu gehen und zu sagen »einmal vanille, bitte«

Johannes Floehr @uerdinger · 8. Jan. 2018
eigentlich ist in Kinder country alles drin was der Mensch an vitaminen brauch

Johannes Floehr @uerdinger · 22. Dez. 2017
wenn mir alle leute 10 euro schenken sag ich nie wieder was gegen den kapitalismus

Johannes Floehr @uerdinger · 17. Dez. 2017
WOW es gibt nur zwei verschiedene orte auf der welt: a) orte wo man schon mal war b) orte wo man noch nicht war

Johannes Floehr @uerdinger · 5. Dez. 2017
wann kommt wieder die anstalt?? Bin so gespannt was ich nun von der fdp halten soll

Johannes Floehr @uerdinger · 10. Nov. 2017
hat nicht mehr alle tassen im schrank:
servicewüste deutschland

Johannes Floehr @uerdinger · 9. Nov. 2017
Ich glaub wenn alle sie selbst wären würde sich insgesamt nichts verbessern

Johannes Floehr @uerdinger · 8. Nov. 2017
hab 4 bitcoin in einer alten socke gefunden!!!!
endlich reich

Johannes Floehr @uerdinger · 8. Nov. 2017
wie geil ist bitte das Wort mähdrescher

Johannes Floehr @uerdinger · 8. Nov. 2017
heute spende ich 25 % meiner tweets an bedürftige Kinder in krisengebieten bleibt tapfer kids

Johannes Floehr @uerdinger · 6. Nov. 2017
dö dö döp döp dö dö döp döp
dö dö dö dö

döp döp döp döp döööp
(bitte nicht vorlesen kostet sonst GEMA)

Johannes Floehr @uerdinger · 31. Okt. 2017
hey leute ich war jetzt drei tage in berlin und habe mich selbst verwirklicht bin jetzt ein relevanter künstler

Johannes Floehr @uerdinger · 30. Okt. 2017
Vielleicht ist das mit dem Alkohol gar keine Sucht sondern Liebe MAL DARAN GEDACHT??

Johannes Floehr @uerdinger · 27. Okt. 2017
Kaum ist man in Berlin direkt nen prominenten gesehen (hier hing 1 spiegel)

Johannes Floehr @uerdinger · 9. Aug. 2017
Achso! Die eine von zwei Lampen in meinem Zimmer ist gar nicht kaputt. Es gibt zwei separate Lichtschalter!

Johannes Floehr @uerdinger · 16. Okt. 2017
hab mir heute wieder absichtlich die schulter ausgekugelt bin einfach süchtig nach dem thrill

Johannes Floehr @uerdinger · 1. Aug. 2017
hallo

TRICK 17

Kleiner Haushaltstipp: Bei hartnäckigen Kaffeeflecken auf dem T-Shirt einfach mal Alkohol ausprobieren. Nach einiger Zeit ist man so besoffen, dass einem die Flecken scheißegal sind.

Wuff

Gefühle kommen und gehen, wie sie wollen. Wie Katzen.

Paket

Mit dem Paket in der Hand stand er vor den Klingelschildern. Und fand heraus: In einem Hochhaus sollte man nicht »Licht« heißen.

Langeweile ist positiver Stress

Filmtitelspiel

Regeln: Man nehme einen Filmtitel, entferne einen Buchstaben und denke sich einen neuen Plot dazu aus. Beispiele: »Findet EMO« oder »Herr der Inge« (auf Initiative von Friedrich Hermann).

»Ocean's 1«

Wird es George Clooney gelingen, ganz allein eine Bank zu überfallen?

»Feivel, der Auswanderer«

Läuft nicht so bei Feivel. Ist aber auch gerade irgendwie schwierig alles. Danke Merkel! Und so möchte Feivel von Bottrop nach Mallorca auswandern, um dort mit seinem mobilen Bratwurststand so richtig durchzustarten.

»Ast Away«

Wo ist er bloß? Tom Hanks ist auf der Suche nach seinem Lieblings-Stock.

»In 0 Tagen um die Welt«

James steigt in seinen Düsenjet und umfliegt die Welt. (Kurzfilm)

»E.T. – Der Außerirische«

Nanu? Da staunte die 4b der Chris-de-Burgh-Grundschule in Dublin aber nicht schlecht, als der neue Austauschschüler das erste Mal den Klassenraum betrat: keine roten Haare, keine Sommersprossen und offensichtlich komplett nüchtern! So offenbarte sich den jungen Irinnen und Iren ein gänzlich neues Menschenbild an diesem kalten Dienstagmorgen, an dem es, so wie immer, regnete.

»Bonjour«, sagte eben jener Fremder dann in die kollektive Schockstarre hinein, »mein Name ist Etienne Tardé und ich komme aus Toulouse.«

Stille. Entsetzen. Angst.

»Das liegt in Frankreich«, ergänzte Lehrer James O'Sullivan mit wenig deeskalierender Wirkung.

Die ersten Schülerinnen begannen, zu kreischen, zu weinen, einige baten darum, nach Hause telefonieren zu dürfen, sie wollten von ihren Eltern abgeholt werden. Panik. Entsetzen. Noch mehr Angst. Radiergummis, Lineale, Butter und Schafe flogen durchs Klassenzimmer, ein wildes Tohuwabohu, oder wie man hier in Irland sagt: Dienstag. Erst eine Runde Beruhigungsschnaps konnte die wilden Gemüter zähmen. Und wir lernen: Vorurteile sind blöd und Iren sind allesamt herrlich verrückt drauf.

»Die zwölf Geschorenen«

Friseur-Doku, Nachfolger von »Schaflos in Seattle«.

»Dumbo, der liegende Elefant«

Dick, grau und den ganzen Tag nur auf der faulen Haut. Ach, Dumbo!

»Jungfrau (4), männlich, sucht«

Ein bewegendes Schwarz/Weiß-Drama über Frühreife, falsche Vorbilder und Schlumpfeis. Mit Tom Schilling.

»Mr. & Mr. Smith«

Nach der Scheidung von seiner ehemaligen Gespielin lernt Mr. Smith im wilden Nachtleben von Las Vegas jemanden kennen, der exakt genauso heißt wie er selbst. Haha, wie unwahrscheinlich ist das denn? Ein herzerfrischendes Denkmal für den Zufall. Man darf eben niemals aufhören, zu träumen.

Ein Mann im Clownskostüm steht an der offenen Reling und blickt aufs Meer. Der Mond flimmert im Wasser, die Luft ist angenehm klar und die Schiffskatze miauzt.

»Du verstehst mich«, sagt der Clown.

»Miau«, sagt die Katze.

Über Johannes Floehr

Johannes Floehr, Jahrgang 1991, arbeitet und lebt freiwillig in Krefeld am Niederrhein. Seit 2010 stellt er sich mit seinen selbstverfassten Texten auf Bierkästen, Bühnen und vor. So gewann er, hm, bestimmt schon zehn oder elf Poetry Slams, darunter ein dritter Platz beim NRW-Slam 2016 in Bochum, auch den Jugendliteraturpreis des Heinrich-Heine-Institutes hat man ihm 2014 verliehen. Nicht schlecht, Herr Specht bzw. Floehr. Darüber hinaus moderiert und veranstaltet der sympathische Zwei-Meter-Mann diverse Kultur- und Literaturveranstaltungen, generell engagiert er sich auf vielfachem Wege für das gesprochene und geschriebene Wort, weil er sonst nichts gelernt hat.

Mehr von ihm auf seiner Internetpräsenz:
http://www.johannesfloehr.de/

Über Marit Blossey

Zu Schulzeiten malte Marit im Unterricht und bekam dafür Ärger. Fürs Zeichnen in diesem Buch hingegen: Geld. Auch sonst geht es für die Krefelderin nur bergauf; nur wohin genau, das muss sie noch entscheiden.

Mehr von ihr auf ihrem Instagram-Profil:
https://www.instagram.com/orbitdoodlez/

Tourdaten »So Floehr!«

31.09.	Krefeld / Das Café
01.10.	Schlotzental an der Punz / Kulturfabrik
04.10.	Tinz / Apfelwerk
05.10.	Möselbach / Haus Plotz
06.10.	Fötenhausen / Kulturkaschemme
09.10.	CH-Schümli / Stadthalle
10.10.	CH-Wienli / Fachwerkhaus Nr. 17
12.10.	A-Krassstadt / Pikachu-Arena
13.10.	Sulz am Rhein / Alter Schlossgarten
15.10.	Ippenheim / Audimax der Hochschule
16.10.	Arschpimmelswalde / E-Werk
18.10.	Öppeln (Neckar) / Café Zweig
20.10.	FRA-Paris / Louvre
22.10.	Ullenstedt / Casino Royal TS
23.10.	Rugeln / Schokoladenmuseum
25.10.	Großsutteln / Posthalle
26.10.	Kleinsutteln / Posthällchen
28.10.	Hilchenbach / Jan-Schmidt-Halle
31.10.	Hunmsufndsfnasdnk / Bommulummu
01.11.	Wuppertal / Stadttheater
02.–31.11.	Hamburg / Elbphilharmonie (Zusatzermine)

(wird jährlich exakt so wiederholt)

Bei Lektora erschienen

Johannes Floehr

Buch 2

Magische Elfen, leckere Rezepte für die Mikrowelle, mit renommierten Literaturpreisen bedachte Prosa und ein Känguru, das den Kapitalismus so richtig doll schlecht findet: All das sucht und vermisst man in diesem Buch vergeblich. Stattdessen beinhaltet »Buch 2« die neuesten Texte des Hamburger Autoren Johannes Floehr. Das ist ja auch schon mal was. Mit Schmiss & Liebe in die Tastatur gehämmerte Kurzgeschichten, Dialoge, Gedichte, Scherze und Gedanken unterschiedlichster Länge und Qualität zu Themen, um die es geht.

Die Frankfurter Allgemeine Sonntagszeitung schrieb: »Das beste Buch des Jahres!« Zwar nicht über »Buch 2«, aber das kommt ja vielleicht noch.

»Johannes' Bücher machen garantiert nicht schlauer, sind dafür aber sehr lustig.«
Klaas Heufer-Umlauf

»Vielleicht sein persönlichstes Werk.«
Selina Seemann

JOHANNES FLOEHR

BUCH 2

ISBN 978-3-95461-141-6
16,00 Euro

www.lektora.de

Bei Lektora erschienen

Johannes Floehr

Dialoge

Die schönsten Dialoge der 80er, 90er und die tollsten Konversationen von heute: Allesamt versammelt in diesem Buch! Nur Hits! Teilweise zum Schmunzeln! Mit coolen Illustrationen! Ursprünglich wurde der Inhalt dieses Buches in das soziale Netzwerk www twitter dot com hineingearbeitet, weswegen keiner der Texte mehr als 280 Zeichen hat. Oder auf Grammatik wert legt. Manche Wörter sind sogar absichtlich falsch geschrieben, Groß- und Kleinschreibung werden komplett missachtet. Schade! Trotzdem ist »Dialoge« ein kurzweiliges, lustiges Buch mit Gedanken zu tollen Themen wie zum Beispiel Feminismus, Tennis und Günther Jauch.

»Johannes schreibt wie ein Außerirdischer, der sich Deutsch mit Loriot-Büchern beigebracht hat.«
(Fabian Navarro)

»ein durch solche meta-layer bestechender blurb kann nur auf ein fantastisches buch hinweisen.«
(Klaas Heufer-Umlauf)

ISBN 978-3-95461-141-6
14,80 Euro

www.lektora.de